JULIA WEBER

Stressfrei KOCHEN

Das einfache Heißluft Fritteuse Kochbuch mit schnellen und einfachen Rezepten für die ganze Familie

IMPRESSUM:

Copyright © 2024 Julia Weber

Alle Rechte vorbehalten
Nachdruck, auch auszugsweise, nicht gestattet.
Das Werk, einschließlich seiner Teile, ist urheberrechtlich geschützt. Jede Verwertung ist ohne Zustimmung des Verlages und des Autors unzulässig. Dies gilt insbesondere für die elektronische oder sonstige Vervielfältigung, Übersetzung, Verbreitung und öffentliche Zugänglichmachung.

Pseudonym wird vertreten durch:
Elsa Saliu
Oberdorfstrasse 3
9532 Rickenbach
Schweiz

Covergestaltung und Satz: Wolkenart – Marie-Katharina Becker
Lektorat: Martina Müller
ISBN: 978-3-033-10580-5

Herausgeber: Elsa Saliu Auflage
Druck: Amazon, Leipzig
Kontakt: saliu.publishing@hotmail.com

INHALT

VORWORT 5

FLEISCH 7

BBQ-Hähnchenflügel 8
Rinderhackbraten mit Lauch . . 9
Teriyaki-Hähnchenspiesse
mit Gemüse 10
Blumenkohlauflauf mit
Rinderhack 11
Honig-Senf-
Hähnchenbrustfilets 12
Kalbsleber mit Zwiebeln 13
Knusprige Entenbruststreifen 14
Pizza mit Rindersalami 15
Schinken und Ei überbacken . 16
Mit Hirtenkäse gefüllte
Frikadellen 17
Hähnchen-Nuggets 18
Hähnchen in Curry-
Sahne-Sosse 19
Gebratenes Lammfleisch 20
Knoblauchhähnchen 21
Hähnchen in Buttermilch 22
Hüftsteak in Zwiebelbutter . . 23
Hähnchen in Parmesanpanade 24
Chili con Carne 25
Putenklösse in Tomatensosse. 26
Moussaka 27
Makkaroni-Auflauf 28
Lasagne 29
Wärmendes Rindergulasch . . 30
Hackbraten 31
Lammkoteletts mit Salat 32
Würstchen im Schlafrock . . . 33
Maultaschen-Auflauf 34
Entenbrust-Burger 35
Lamm in Walnusskruste 36
Hähnchen-Tacos 37
Japanisches Katsu-Hähnchen . 38
Hackfleisch-Quesadillas 39
Orientalisch gefüllte
Paprikaschoten 40
Entrecôte-Steak 41
Falscher Hase mit
Wurzelgemüse 42

FISCH 43

Wolfsbarsch mit Dillkartoffeln 44
Lachs mit Kokosnuss-Reis . . . 45
Paniertes Fischfilet mit
Knoblauchquark 46
Butter-Zitronen-Steinbutt . . . 47
Gebratenes Lachstatar mit
grünem Salat 48
Frikadellen aus einer Hack-
fleisch-Thunfisch-Mischung . 49
Herzhafter Flammkuchen
mit Lachsforelle 50
Lachs in Pistazienkruste 51
Marinierte Lachsfilets 52
Riesengarnelen in
Kokos-Sosse 53
Kabeljau mit Blattspinat 54
Zander-Lachs-Rollen 55
Lachs auf Wirsing 56
Knoblauch-Honig-Lachs 57
Knusprige Lachshappen 58

VEGETARISCH 59

Überbackenes Tomaten- 60
Mozzarella-Baguette 60
Gefüllte Paprikaschoten 61
Pfifferlinggulasch 62
Hokkaido-Soufflé 63
Zucchiniauflauf 64
Austernpilze in
Buttermilch-Panade 65
Gemüse-Omelette 66
Avocado mit Tomaten-
Käse-Füllung 67
Gemüselasagne 68

Gnocchi 69
Panierte Blumenkohlröschen . 70
Gekochte Eier 71
Gemüsemuffins 72
Gefüllte Teigdreiecke 73
Gemüsefrikadellen 74

Avocadochips 94
Spiegeleier 95
Putengeschnetzeltes 96
Gefüllte Zucchini 97
Pizza mit Thunfischboden . . . 98
Antipasti-Salat 99
Karotten-Parmesan-Sticks . . 100
Warmer Avocado-Salat 101

VEGAN 75

Buchweizen-Frikadellen 76
Kartoffel-Zucchini-Puffer . . . 77
Knuspriger Tofu 78
Gemüseeintopf 79
Kartoffelwürfel 80
Falafel 81
Fladenbrot 82
Mediterranes Gemüse 83
Kartoffel-Gemüse-Salat 84
Brokkoli-Kichererbsen- 85
Frikadellen 85

DESSERT 102

Milchrahmstrudel mit 103
Vanillesosse 103
Schokoladenkekse 104
Gebackene Pfirsiche 105
Brownies 106
Blaubeermuffins 107
Bratäpfel 108
Kirschtaschen 109
Gebackene Apfelringe 110
Arme Ritter 111
Donuts 112
Käsekuchen 113
Rhabarbermuffins 114
Bananenchips 115
Apfelspalten 116
Marmorkuchen 117

LOW CARB 86

Muscheln mit Kohlgemüse . . . 87
Grünkohlchips 88
Spargel an Avocadocreme . . . 89
Glasierter Rosenkohl 90
Frittierter Brokkoli 91
Blumenkohl-Steaks 92
Pfannkuchen 93

FAZIT 118

VORWORT

In diesem Kochbuch findest du verschiedene Rezepte von Gerichten, die man mithilfe einer Heißluftfritteuse auf den Teller bringen kann. Dieses Küchengerät gibt es mittlerweile von vielen unterschiedlichen Herstellern. Abgestimmt auf die Vielfalt der Haushalte gibt es sowohl Geräte mit wenig als auch mit viel Fassungsvermögen. Dadurch können ebenso kleine wie auch große Haushalte von diesem multifunktionalen Küchengerät profitieren.

Besonders spannend ist, dass ein Airfryer eine Vielzahl anderer Geräte problemlos ersetzen kann und man somit Geld für die Anschaffung dieser sparen kann. In einer Heißluftfritteuse kannst du backen, braten, grillen und sogar verschiedene Speisen aufwärmen. Folglich lassen sich vielseitige Gerichte von Fisch und Fleisch über Gemüse bis hin zum Brot oder einer leckeren Nachspeise darin kreieren.

Die Heißluftfritteuse ist ein tolles Hilfsmittel, wenn man regelmäßig mit wenig Aufwand leckere und gesunde Gerichte zubereiten möchte. In diesem Buch konzentrieren wir uns hauptsächlich auf Gerichte, die man möglichst in kurzer Zeit zaubern kann. Somit eignet sich dieses Rezeptbuch ideal für Familien und Erwerbstätige, die nur wenig Zeit für das Kochen aufbringen möchten oder können und dennoch Wert auf eine gute und abwechslungsreiche Ernährung legen.

In einem Airfryer wird – im Gegensatz zur traditionellen Fritteuse – die Verwendung von Ölen und Fetten auf ein Minimum reduziert. Trotzdem kann man mit dieser Fritteuse eine knusprige Kruste erreichen, was nicht nur der Optik dient, sondern auch zum positiven Geschmackserlebnis beiträgt.

Aufgrund des schonenden Garprozesses behalten die Lebensmittel ihre wertvollen Nährstoffe bei. Dabei werden die Lebensmittel von stark erhitzter Luft umrundet. Diese Herstellungsart hat den Vorteil, dass sie schneller als das Backen im Ofen oder das Kochen im Topf ist. Du sparst also nicht nur Zeit beim Kochen, sondern auch Energie. Beides erfreut ganz sicher die Familie sowie den Geldbeutel.

Ein weiterer Vorteil der Heißluftfritteuse ist, dass die Gerichte in nur einem Gefäß hergestellt werden. Zudem sind die meisten Teile dieses Küchengeräts abnehmbar und lassen sich problemlos mit der Hand oder in der Spülmaschine reinigen.

Auch die Sicherheit in der Küche kann durch die Nutzung einer Heißluftfritteuse erhöht werden: Es wird nur wenig Öl verwendet, weswegen das Spritzen und Verbrennen durch heißes Öl eher unwahrscheinlich wird. Dank des praktischen Deckels können auch kleine Kinder schwerer an die heißen Lebensmittel gelangen.

Die Rezepte in diesem Buch sind nach der Art des Gerichts und der Lebensmittel unterteilt. Du findest hier sowohl omnivore als auch vegetarische und vegane Gerichte zum Schlemmen. Ebenso geben wir dir wertvolle Tipps zu den verschiedenen Rezepten und dem Gebrauch deiner Heißluftfritteuse.

Dennoch ist es wichtig, sich die Bedienungsanleitung der Heißluftfritteuse durchzulesen. Einige Dinge müssen aus Sicherheitsgründen unbedingt beachtet werden.

Solltest du Backpapier verwenden, lege es erst nach dem Vorheizen der Heißluftfritteuse in den Korb. Somit verhinderst du, dass es von dem Heizelement angesaugt wird. Achte auch darauf, im Korb genügend Abstand zu den Wänden zu lassen, sodass du eine gute Luftzirkulation sicherstellen kannst. Es sollten ebenfalls keine Sprüh-öle verwendet werden die Lecithin enthalten, da sie mit der Beschichtung des Korbs reagieren können und dieser dann unbrauchbar werden kann.

FLEISCH

BBQ-HÄHNCHENFLÜGEL

Portionen: 4 bis 5 | Zubereitungsdauer: 20 Minuten

ZUTATEN FÜR DIE HÄHNCHENFLÜGEL:

1 kg Hähnchenflügel, frisch oder tiefgefroren
2 TL Paprikapulver
1 TL Salz
1/2 TL Pfeffer, gemahlen
1/2 TL Knoblauchpulver
1/2 TL Backpulver
2 EL Mehl
Optional: 1 TL Chilipulver

ZUTATEN FÜR DIE SOSSE:

50 g Tomatenmark
50 ml Ketchup
30 ml Essig (Apfel oder Balsamico)
30 g brauner Zucker
10 g Honig
2 TL Salz
1 TL Knoblauchpulver
1 TL Sojasoße

ZUBEREITUNG:

1. Wasche die Hähnchenflügel gründlich und tupfe sie trocken.
2. Vermische das Mehl mit dem Backpulver und den Gewürzen in einer Schüssel.
3. Lege die Hähnchenflügel in die Gewürzmischung und wende sie mehrmals, damit alle Seiten mit Gewürzen bedeckt sind.
4. Heize die Fritteuse auf 180 °C vor, bevor du die Chicken-Wings – möglichst nebeneinander anstatt übereinander – in den Fritteusenkorb legst.
5. Während die Hähnchenflügel 15 Minuten lang garen, mischst du alle Zutaten für die Soße.
6. Koche die Soße in einem Topf kurz auf.
7. Wende das Fleisch nach etwa sieben Minuten und bestreiche es nach Ende der Garzeit mit der Soße. In einem Schälchen servierst du die restliche Soße. Passend dazu sind diverses Ofengemüse und Kartoffelwedges.

TIPP: Dank des Backpulvers wird die Haut der Hähnchenflügel lecker knusprig. Das Mehl verbessert die Haftung der Gewürzmischung.

RINDERHACKBRATEN MIT LAUCH

Portionen: 3 bis 4 | Zubereitungsdauer: 25 Minuten

ZUTATEN:

2 Stangen Lauch
2 Karotten
1 mittelgroße Zwiebel
3 Eier
Paniermehl
500 g Rinderhackfleisch
2 Knoblauchzehen
1 EL Öl
eine Prise Paprikapulver
Salz, Pfeffer und Thymian
1 Packung Streukäse

ZUBEREITUNG:

1. Wasche die Lauchstangen und schneide sie in Ringe.
2. Schäle Karotten, Zwiebeln sowie Knoblauch und schneide das Gemüse in kleine Stücke.
3. Gib die Zutaten, bis auf den Käse, in eine Schale und knete die Masse gut durch. Die Menge an Paniermehl variiert je nach Konsistenz der Masse.
4. Würze nach dem Abschmecken eventuell noch mal nach.
5. Drücke die Masse in den mit Backpapier ausgelegten Backtopf des Airfryers und bedecke sie mit Käse.
6. Bei 185 °C bleibt der Braten zehn bis fünfzehn Minuten in der Küchenmaschine.

TERIYAKI-HÄHNCHENSPIESSE MIT GEMÜSE

ZUTATEN:

- 4 Hähnchenbrustfilets
- 1 EL Gemüsebrühe ohne Salz
- 1 rote Chilischote
- 1 EL Sesamöl
- 2 EL Öl
- 3 EL Teriyakisoße
- 200 ml Sojasoße
- 2 Knoblauchzehen oder 1 TL Knoblauchpulver
- 30 g brauner Zucker
- 1 TL Salz
- 1 kleines Stück Ingwer
- 1/2 Bio-Zitrone
- 500 g Brokkoli
- 500 g Champignons
- 300 g Karotten

Portionen: 4 | Zubereitungsdauer: 40 Minuten

ZUBEREITUNG:

1. Mische für die Marinade das Gemüsebrühpulver mit Zucker, den Gewürzen, den Ölen und den Soßen.
2. Schäle den Ingwer sowie die Knoblauchzehen und hacke sie fein.
3. Reibe etwas von der Zitronenschale ab und drücke den Saft aus.
4. Ingwer, Knoblauch, die geriebene Zitronenschale sowie den Saft mischst du unter die Marinade.
5. Wasche die Hähnchenfilets und lege sie über Nacht, mindestens aber 60 Minuten, in der Marinade ein.
6. Schäle und schneide das Gemüse in kleine Stücke. Bestreiche es ebenfalls mit der Marinade.
7. Gemeinsam mit den Karottenstücken legst du die Hähnchenfilets bei 180 °C für etwa zehn Minuten in den Airfryer.
8. Nach etwa drei Minuten fügst du den Brokkoli, nach weiteren drei Minuten die Champignons hinzu.
9. Gib kurz vor Ende der Garzeit die Marinade als Soße hinzu.
10. Schneide das Hähnchenfleisch anschließend in 3 cm große Stücke und stecke diese auf Spieße.

TIPP: Je nach Hersteller und Modell gibt es bereits unterschiedliche Voreinstellungen und Programme für diverse Gerichte. Lies dir die produktspezifischen Angaben durch, um die ideale Garzeit herauszufinden.

BLUMENKOHLAUFLAUF MIT RINDERHACK

ZUTATEN:

800 g Blumenkohl
2 Zwiebeln
2 Karotten
500 g Rinderhackfleisch
2 EL Öl
Salz, Pfeffer, Knoblauchpulver, edelsüßes Paprikapulver
1 Becher Schmand
150 g Käse
Milch

Portionen: 4 bis 5 | Zubereitungsdauer: 30 Minuten

ZUBEREITUNG:

1. Heize die Heißluftfritteuse auf 200 °C vor.
2. Schneide den Blumenkohl in Röschen und gib sie mit ausreichend Wasser in den Backtopf der Fritteuse, wo er etwa zehn Minuten garen darf.
3. Schäle die Zwiebeln und die Karotten und schneide sie in Stückchen.
4. Vermische sowohl Gemüse als auch Gewürze mit dem Hackfleisch.
5. Gib die Hackfleischmasse zusammen mit Schmand und einem Schuss Milch zum Blumenkohl.
6. Streue den Käse über die Masse und lass alles etwa zehn Minuten bei 160 °C braten.
7. Bei 180 °C für weitere fünf Minuten wird der Auflauf noch knuspriger.

HONIG-SENF-HÄHNCHENBRUSTFILETS

ZUTATEN:
4 Hähnchenbrustfilets
1 Knoblauchzehe
3 EL Honig
3 EL Senf mittelscharf
1 EL Olivenöl
200 g Sahne
1 TL Salz
1 TL Pfeffer
500 g Kartoffeln

Portionen: 4 | Zubereitungsdauer: 30 Minuten

ZUBEREITUNG:

1. Schäle die Kartoffeln und schneide sie in Spalten.
2. Vermische die Kartoffelspalten mit Salz und Öl und gib sie bei 180 °C für insgesamt 25 Minuten in den Airfryer.
3. Vermenge den Honig mit Senf, Öl sowie Salz und Pfeffer in einer Schüssel.
4. Schäle und zerkleinere die Knoblauchzehe, die du anschließend ebenfalls in die Schüssel gibst.
5. Lass die gewaschenen Hähnchenbrustfilets etwa 15 Minuten in der Marinade ziehen.
6. Lege die Filets nach etwa 15 Minuten zu den Kartoffelwedges in die Heißluftfritteuse.
7. Nach weiteren sieben Minuten entnimmst du die Kartoffeln.
8. Mische zum Schluss die Sahne mit der Marinade und gib die Mischung für etwa drei Minuten mit in den Airfryer.

TIPP: Hat deine Fritteuse keine Rührarme, solltest du Fleisch und Gemüse während des Garens ein- bis zweimal wenden.

KALBSLEBER MIT ZWIEBELN

ZUTATEN:
200 g Kalbsleber
2 Zwiebeln
Mehl
Salz, Pfeffer
Öl

Portionen: 2 bis 3 | Zubereitungsdauer: 15 Minuten

ZUBEREITUNG:

1. Schneide den Rand der Leber leicht ein und betupfe die Leber beidseitig mit etwas Mehl.
2. Lege die Leber in eine flache Form der Heißluftfritteuse und brate sie für sechs Minuten bei 180 °C.
3. Schäle und schneide die Zwiebeln.
4. Gib die Zwiebeln zu der Leber, die du nun auch wendest und für weitere sechs Minuten brätst.
5. Würze nach Belieben mit Salz und Pfeffer.

Gut zu der Leber mit Zwiebeln passt beispielsweise Kartoffelpüree.

KNUSPRIGE ENTENBRUSTSTREIFEN

Portionen: 3 bis 4 | Zubereitungsdauer: 20 Minuten

ZUTATEN:

500 g Entenbrust
100 ml Wasser
1 TL Salz
1 TL Pfeffer
1 TL Honig oder Ahornsirup
1 TL Öl
1 Zweig Rosmarin

ZUBEREITUNG:

1. Wasche die Entenbrust und tupfe sie trocken.
2. Zupfe den Rosmarin vom Strauch und verrühre die Gewürze, das Öl und den Honig zu einer glatten Masse.
3. Schneide die Entenhaut kreuzweise ein und massiere die Mischung ein.
4. Jetzt schneidest du das Entenfleisch in Streifen und brätst es für sieben Minuten bei 220 °C.
5. Nimm das Fleisch heraus und gieße das Fett ab.
6. Fülle das Wasser in den Garbehälter und lass das Fleisch weitere sieben Minuten bei 200 °C garen.

Lass die Entenbruststreifen vor dem Servieren ein paar Minuten ruhen. In dieser Zeit kannst du einen leckeren Salat aus Gurken, Tomaten, Dosenmais und Eisbergsalat zubereiten.

TIPP: Wenn du die Entenbrust nach dem Marinieren in Frischhaltefolie einwickelst und eine Weile stehen lässt, entfaltet sich das Aroma besser im Fleisch.

PIZZA MIT RINDERSALAMI

Portionen: 1 | Zubereitungsdauer: 15 Minuten

ZUTATEN FÜR DEN HEFETEIG:

125 g Mehl
75 ml Wasser
10 g frische Hefe oder
1/2 Packung Trockenhefe
3 g Salz
1 Prise Zucker
Olivenöl

ZUTATEN FÜR DIE TOMATENSOSSE:

1/2 Zwiebel
1 Knoblauchzehe
1 EL Tomatenmark
125 ml passierte Tomaten
1/2 TL getrockneten Oregano
1/2 TL getrockneten Basilikum
Salz

ZUTATEN FÜR DEN BELAG:

Rindersalami
Dosenmais
Streukäse
Mozzarella

ZUBEREITUNG:

1. Mische sämtliche Zutaten für den Hefeteig und knete den Teig gut durch.
2. Decke die Schüssel mit einem Küchentuch ab und lasse den Teig an einem warmen Ort gehen, bis er sich verdoppelt hat.
3. Entferne die Schale von Zwiebel und Knoblauchzehe und zerkleinere alles.
4. Gib alle Zutaten für die Soße in den Backtopf des Airfryers und gare den Inhalt bei 160 °C für etwa sieben Minuten.
5. Knete den Teig erneut durch, forme ihn zu einer Kugel und rolle ihn anschließend dünn aus.
6. Auf einem Stück Backpapier legst du den Pizzateig und bestreichst diesen mit der Soße.
7. Belege die Pizza nach Belieben mit Wurst und bedecke alles mit Käse.
8. Lass die Pizza bei 180 °C für zehn Minuten garen.

SCHINKEN UND EI ÜBERBACKEN

ZUTATEN:
4 Eier
8 Scheiben Rinderschinken
z. B. Bresaola
eine Handvoll Schnittlauch
oder Frühlingszwiebel
1 Knoblauchzehe
Salz, Pfeffer
Käse nach Wahl

Portionen: 4 | Zubereitungsdauer: 15 Minuten

ZUBEREITUNG:

1. Stelle dir vier kleine Schalen bereit, die in den Korb des Airfryers passen.
2. In jedes Schälchen legst du zwei Scheiben Schinken.
3. Schäle die Knoblauchzehe und zerkleinere diese sowie den Schnittlauch oder die Frühlingszwiebel.
4. Schlage ein Ei pro Schale auf, würze nach Belieben und streue das gehackte Gemüse darüber.
5. Reiße die Käsescheiben in Stücke und verteile sie gleichmäßig über den Ei-Schinken-Mix.
6. Bei 180 °C werden Ei und Schinken für etwa acht Minuten überbacken.

TIPP: Für festeres Eigelb muss die Garzeit um zwei bis drei Minuten verlängert werden.

MIT HIRTENKÄSE GEFÜLLTE FRIKADELLEN

ZUTATEN:

200 g Rinderhackfleisch
frische Petersilie
1 Knoblauchzehen
1 kleine Zwiebel
1/2 Brötchen oder Paniermehl
1 Ei
1 TL Tomatenmark
1/2 TL Oregano
Salz, Pfeffer
Hirtenkäse

Portionen: 1 bis 2 | Zubereitungsdauer: 25 Minuten

ZUBEREITUNG:

1. Hacke die Knoblauchzehe, die Zwiebel sowie die Petersilie klein.
2. Anschließend vermengst du alle Zutaten zu einer Masse.
3. Teile die Masse in zwei Portionen und rolle sie zu Kugeln.
4. Lege die Kugeln nacheinander auf ein Stück Alufolie und drücke sie platt.
5. In die Mitte legst du Stücke des Hirtenkäses und schlägst die Folie samt Fleischmasse um, sodass die Enden aufeinanderliegen und der Käse sich im Inneren befindet.
6. Drücke die Ränder fest und brate die zwei Frikadellen bei 180 °C für 20 Minuten.

HÄHNCHEN-NUGGETS

Portionen: 3 bis 4 | Zubereitungsdauer: 25 Minuten

ZUTATEN:

400 g Hähnchenbrustfilet
2 Eier
1 EL Raps- oder Sonnenblumenöl
3 EL Mehl
1 EL Milch
1 TL Knoblauchpulver
Salz, Pfeffer
200 g Cornflakes

ZUBEREITUNG:

1. Wasche die Hähnchenbrust und schneide sie in kleine Stücke.
2. Verrühre das Öl mit den Gewürzen und bestreiche die Fleischstücke damit.
3. Zerdrücke die Cornflakes.
4. Stelle dir drei Schälchen bereit. In die erste gibst du das Mehl, in die zweite mischst du die Eier mit der Milch und in die dritte schüttest du 100 g der Cornflakes.
5. Im Anschluss wendest du die Hähnchenstücke erst im Mehl, dann in der Ei-Milch-Mischung, bevor du sie in die zerbröselten Cornflakes drückst.
6. Bepinsele alle Stücke erneut mit etwas Öl und gib sie in den Korb der Heißluftfritteuse.
7. Lass das Fleisch bei 180 °C etwa zehn Minuten garen.

Dazu kannst du eine leckere Soße zaubern oder auch die Curry-Sahne-Soße verwenden, die im nächsten Rezept vorkommt.

TIPP: Wenn du die Cornflakes in eine Plastiktüte gibst, kannst du sie unkompliziert mit einem Nudelholz zerkleinern.

HÄHNCHEN IN CURRY-SAHNE-SOSSE

Portionen: 2 bis 3 | Zubereitungsdauer: 25 Minuten

ZUTATEN:

400 g Hähnchenfilet
400 ml Sahne
2 Zwiebeln
1 Knoblauchzehe
1 rote Paprika
2 Karotten
30 ml Ananassaft
1 Dose Ananas in Stücken
1 TL Gemüsebrühe
Salz, Kurkuma, Currypulver, Pfeffer

ZUBEREITUNG:

1. Schneide das Hähnchenfleisch in Stücke und schütte diese in den Topf der Heißluftfritteuse.
2. Schäle und schneide das Gemüse in kleine Stücke.
3. Vermische sämtliche Zutaten und gib sie zum Hähnchenfilet. Gerne darf das Ganze nun für mehrere Stunden ziehen.
4. Ohne Vorheizen kann das Hähnchen in der Soße für etwa 25 Minuten bei 180 °C garen.
5. Nach der Hälfte der Garzeit solltest du die Masse durchrühren.

Lecker dazu schmecken Reis oder Couscous.

GEBRATENES LAMMFLEISCH

Portionen: 4 | Zubereitungsdauer: 40 Minuten

ZUTATEN:
1 kg Lammfleisch
2 EL Olivenöl
4 Knoblauchzehen
3 Zweige Rosmarin
Salz, Pfeffer

ZUBEREITUNG:

1. Schneide das Lammfleisch in grobe Stücke.
2. Heize die Fritteuse auf 180 °C vor, während du mit einem Messer Löcher ins Fleisch stichst.
3. Schneide die Rosmarinzweige in kleinere Stücke.
4. Die Knoblauchzehen zerteilst und zerdrückst du mit einem Messer.
5. Stecke sowohl Knoblauch als auch Rosmarin in die Löcher im Fleisch.
6. Bestreiche das Fleisch mit dem Öl und würze mit Salz und Pfeffer.
7. Gib das vorbereitete Fleisch in den Airfryer und lass es 30 bis 40 Minuten garen.

TIPP: Lass das Fleisch für ein intensiveres Aroma und einen zarten Genuss etwa sechs Minuten ruhen.

KNOBLAUCHHÄHNCHEN

Portionen: 2 | Zubereitungsdauer: 30 Minuten

ZUTATEN:

2 Hähnchenbrüste
4 EL Olivenöl
100 g Paniermehl
2 Eier
70 g Mehl
5 Kartoffeln
250 g grüner Spargel
250 g Brokkoli

ZUTATEN FÜR KNOBLAUCHBUTTER:

200 g Butter, Zimmertemperatur
4 Knoblauchzehen
1/2 Bund Petersilie
Salz, Pfeffer

ZUBEREITUNG:

1. Gib alle Zutaten für die Knoblauchbutter in ein Schälchen und vermische sie gut.
2. Fülle die Knoblauchbutter in einen Spritzbeutel.
3. Schneide die Hähnchenbrüste mittig ein, um sie größer und dünner zu machen (Schmetterlingsschnitt).
4. Würze das Fleisch mit Salz sowie Pfeffer und spritze die Knoblauchbutter mittig entlang des Fleischs. Lass etwa 2 cm an den Enden frei.
5. Klappe die Enden um und rolle die Hühnerbrust so, dass sich die Butter im Inneren befindet.
6. Das Fleisch sollte nun mindestens 15 Minuten im Kühlschrank ruhen.
7. Würze das Mehl nach Belieben und gib das Mehl, die Eier und das Paniermehl in unterschiedliche Schälchen.
8. Anschließend panierst du die Hähnchenrollen erst im Mehl, dann in den Eiern und schließlich im Paniermehl.
9. Brate das Hähnchen von allen Seiten für etwa zwei Minuten im Öl an.
10. Schneide die Kartoffeln in Scheiben und den Spargel und Brokkoli in Stückchen.
11. Würze nach Belieben und bestreiche das Gemüse mit Öl.
12. Brate oder grille die Kartoffeln für sechs Minuten, bevor du das Hähnchenfleisch hinzugibst.
13. Nach weiteren sechs Minuten kommt das andere Gemüse in den Airfryer. Lass alles noch vier Minuten garen.

HÄHNCHEN IN BUTTERMILCH

Portionen: 3 bis 4 | Zubereitungsdauer: 30 Minuten

ZUTATEN:

800 g Hähnchenbrust, Keulen und Schenkel
300 g Buttermilch
100 g Mehl
50 g Paniermehl
1 TL Chilipulver
2 TL Salz
2 EL Olivenöl
1 Prise Pfeffer

ZUBEREITUNG:

1. Lege das Fleisch in einer Schale in Buttermilch ein und würze mit Salz und Pfeffer. Lass es mindestens 15 Minuten einweichen.
2. Wickele das Fleisch in Frischhaltefolie ein und lass es über Nacht im Kühlschrank stehen.
3. Vermenge das Mehl mit dem Paniermehl, einem TL Salz und Chilipulver, bevor du das Hähnchenfleisch darin panierst.
4. Streiche das Fleisch mit Öl ein und gib das restliche Öl in den Backtopf.
5. Heize die Heißluftfritteuse auf 180 °C vor und warte zwei Minuten.
6. Nun gibst du das Fleisch für 15 bis 20 Minuten in den Topf. Wende es nach der Hälfte der Zeit.

TIPP: Stich in das Fleisch und sieh dir den herauslaufenden Bratensaft an. Wenn dieser klar ist, ist das Fleisch gar.

HÜFTSTEAK IN ZWIEBELBUTTER

ZUTATEN:

400 g Hüftsteak, dick geschnitten
Salz, Pfeffer
1 Zwiebel
4 Knoblauchzehen
115 g Butter, gesalzen
1 EL frische Petersilie
1 TL Worcester-/Sojasoße

Portionen: 3 bis 4 | Zubereitungsdauer: 20 bis 30 Minuten

ZUBEREITUNG:

1. Heize die Heißluftfritteuse auf – wenn möglich – 300 °C vor und nimm das Steak aus dem Kühlschrank.
2. Würze das Fleisch beidseitig nach Belieben mit Salz und Pfeffer.
3. Lege das Fleisch mit der Zwiebel und den Knoblauchzehen für zehn bis fünfzehn Minuten in die Fritteuse. Wende es jedoch nach fünf Minuten und schwenke dabei ebenfalls das Gemüse.
4. Je nach bevorzugter Garung des Steaks ist es nun fertig oder kann für weitere fünf bis zehn Minuten gegart werden. Der Knoblauch und die Zwiebeln sollten jetzt entnommen werden.
5. Schneide das Gemüse und die Petersilie in feine Stücke und gib alles gemeinsam mit der Soße in die Butter. Nicht vergessen, gut durchzurühren und nach Geschmack zu würzen.
6. Schneide das Steak in Scheiben und serviere es mit der Butter obendrauf.

TIPP: Übrig gebliebene Butter hält sich im Kühlschrank noch einige Tage und kann auf Brot oder zu anderen Gerichten wie Fisch oder Kartoffeln genossen werden. Du kannst sie auch problemlos einfrieren.

HÄHNCHEN IN PARMESANPANADE

Portionen: 4 | Zubereitungsdauer: 30 Minuten

ZUTATEN:

4 Hähnchenbrustfilets
4 EL Mehl
2 Eier
2 EL Milch
50 g Paniermehl
2 EL Parmesan
1 EL Kräutermix
Salz, Pfeffer
250 g Mozzarella
Öl

ZUBEREITUNG:

1. Wasche das Fleisch, tupfe es trocken und würze es mit Salz und Pfeffer.
2. Stelle dir drei Schälchen bereit, in das erste kommt Mehl, in das zweite Eier mit Milch und in das dritte Paniermehl mit feinem Parmesan und Kräutern.
3. Tauche das Hähnchenfleisch erst in das Mehl, danach in den Eier-Milch-Mix und drücke es zum Schluss gut in die Parmesanpanade. Achte darauf, dass alle Seiten gut bedeckt sind.
4. Bestreiche das panierte Fleisch mit Öl und brate bzw. grille es in der Heißluftfritteuse.
5. Bei 180 °C müssen die Filets etwa 18 Minuten garen, nach der Hälfte der Garzeit wenden.
6. Lass den Mozzarella abtropfen und schneide ihn in acht Scheiben.
7. Lege je zwei Scheiben auf ein Filet und lasse das Fleisch zwei weitere Minuten braten.

CHILI CON CARNE

Portionen: 3 | Zubereitungsdauer: 30 Minuten

ZUTATEN:

400 g Rinderhackfleisch
2 Zwiebeln
250 g Kidneybohnen
2 Knoblauchzehen
500 g Tomaten in Stücken
1 Dose Mais
Tomatenmark
1 Paprikaschote
1 EL Honig
1 Würfel Rinderbrühe
Salz, Pfeffer
Chilipulver
Paprikapulver
200 ml Wasser
Öl
optional: Koriander

ZUBEREITUNG:

1. Zerkleinere die Zwiebeln, den Knoblauch und die Paprika.
2. Das Gemüse gibst du mit dem Hackfleisch, etwas Öl, Salz und Pfeffer in den Airfryer und lässt es fünf Minuten garen. Rühre währenddessen mehrmals um.
3. Gib nun Mais, Tomaten, Bohnen, Tomatenmark sowie die Gewürze und den Brühwürfel hinzu und vermische alles gut.
4. Lass das Ganze etwa 20 Minuten auf 160 °C braten, während du zwischendurch umrührst und – falls nötig – etwas Wasser hinzufügst.
5. Füge kurz vor Ende der Garzeit noch den Honig hinzu.

TIPP: Lass stets ausreichend Platz im Inneren deiner Heißluftfritteuse, damit sich die Luft ordentlich erhitzen und somit auch das Essen gut garen kann.

PUTENKLÖSSE IN TOMATENSOSSE

Portionen: 2 | Zubereitungsdauer: 35 Minuten

ZUTATEN:

400 g Putenbrust
3 Zwiebeln
4 Knoblauchzehen
1/2 EL italienische Gewürzmischung
20 g Semmelbrösel
1 TL Salz
1/2 TL Pfeffer
Olivenöl
400 ml passierte Tomaten
50 ml Gemüsebrühe
1 EL Tomatenmark
1/2 TL Zucker oder 1 TL Honig
optional: 2 TL Sweet Chilisoße

ZUBEREITUNG:

1. Zwei Zwiebeln und zwei Knoblauchzehen schälen und grob zerkleinern, bevor diese gemeinsam mit der Putenbrust in einem Mixer püriert werden.
2. Die Masse vermischst du gut mit Semmelbröseln, Salz, Pfeffer und den italienischen Gewürzen. Gib ebenfalls einen Schuss Olivenöl hinzu.
3. Forme daraus kleine Bällchen, die du in der Heißluftfritteuse bei 190 °C etwa 20 Minuten lang brätst. Stelle die Klöße anschließend abgedeckt zur Seite.
4. Schneide die letzte Zwiebel und die zwei Knoblauchzehen in feine Stücke und brate sie mit etwas Öl einige Minuten im Backtopf des Airfryers an.
5. Bereite aus den passierten Tomaten, dem Tomatenmark, der Brühe und dem Zucker bzw. Honig eine Soße vor.
6. Gib die Soße zu den Zwiebel- und Knoblauchstücken und lass alles etwa fünf Minuten vor sich hin köcheln.
7. Für weitere fünf Minuten gibst du nun die Putenklöße in die Soße.

MOUSSAKA

Portionen: 4 | Zubereitungsdauer: 20 Minuten

ZUTATEN:

500 g Rinderhackfleisch
600 g festkochende Kartoffeln
500 g Auberginen
3 rote Paprikaschoten
1 Karotte
2 Zwiebeln
4 Knoblauchzehen
400 ml Brühe
1 EL Tomatenmark
1 Dose gehackte Tomaten
2 EL Olivenöl
1 TL Ras El Hanout
1 TL geräuchertes Paprikapulver
1 Prise Zimt
Salz / Pfeffer
frische Petersilie

ZUBEREITUNG:

1. Heize den Airfryer zwei bis drei Minuten auf 180 °C vor.
2. Du schneidest sowohl die Zwiebeln als auch den Knoblauch in Stücke und gibst es zusammen mit Öl und dem Hackfleisch in den Topf deiner Heißluftfritteuse. Brate alles etwa drei Minuten an.
3. Schäle die Kartoffeln und schneide sie ebenso wie die Auberginen und die Paprikaschoten in kleine Stücke.
4. Vermenge das Gemüse mit dem Hackfleisch und den restlichen Zutaten. Rühre mehrmals um, während das Moussaka weitere 15 bis 20 Minuten gart.

TIPP: Die meisten Heißluftfritteusen sollten vor der Verwendung vorgeheizt werden, damit sie betriebsbereit sind. Das Vorheizen führt zu einem besseren Endergebnis der Mahlzeiten. Lies dir dazu jedoch die Gebrauchsanweisung deiner Fritteuse durch.

MAKKARONI-AUFLAUF

Portionen: 2 bis 3 | Zubereitungsdauer: 35 bis 40 Minuten

ZUTATEN:

400 g Makkaroni, klein
250 g Rinderhackfleisch
1 Zwiebel
2 Knoblauchzehen
1 EL Tomatenmark
500 ml Wasser
500 g passierte Tomaten
2 TL Rinderbrühe
2 TL Oregano
2 TL Thymian
1 TL Salz
1 TL Pfeffer
1/2 Becher Crème fraîche
150 g geriebener Gouda
Öl

ZUBEREITUNG:

1. Heize deine Heißluftfritteuse vor.
2. Nachdem du den Knoblauch und die Zwiebeln klein gehackt hast, gibst du sie gemeinsam mit dem Hackfleisch und etwas Öl in den Topf des Airfryers. Lasse alles bei 200 °C fünf Minuten garen, rühren nicht vergessen.
3. Füge Tomatenmark, Crème fraîche, passierte Tomaten, Gewürze und Wasser hinzu.
4. Nach fünf Minuten Garzeit entnimmst du den Topf und mischst die Makkaroni unter die Soße.
5. Streue den Käse darüber und lasse den Auflauf mindestens 20 Minuten bei 180 °C garen. Entnehme eine Nudel zum Test. Ist sie noch bissfest, erhöhe die Garzeit um ein paar Minuten.

LASAGNE

Portionen: 2 bis 3 | Zubereitungsdauer: 35 Minuten

ZUTATEN:

6 Lasagne-Platten
250 g Rinderhackfleisch
150 g Tomate aus der Dose
100 g Mozzarella
50 g Parmesan
100 ml Wasser oder
50/50 Wasser und Essig
1 Karotte
1 Zwiebel
1 TL Kreuzkümmel
1 TL Oregano
Salz, Pfeffer
Olivenöl

ZUBEREITUNG:

1. Zerkleinere das Gemüse.
2. Gib die klein gehackte Zwiebel gemeinsam mit den Karottenscheiben und etwas Öl in den Airfryer und lass es für etwa drei Minuten bei 180 °C braten.
3. Füge das Hackfleisch und die Gewürze hinzu. Rühre gut um.
4. Lösche die Masse nach etwa fünf Minuten mit Wasser bzw. Essig und mische die Tomaten darunter.
5. Nimm den Topf aus der Küchenmaschine und lass den Inhalt ruhen. Denn nun legst du die Lasagne-Platten in eine weitere Form. Ist keine weitere Form vorhanden, gieße den Inhalt aus dem Topf und lege die Platten dort hinein.
6. Erhöhe die Temperatur der Fritteuse auf 200 °C.
7. Die Lasagne-Platten bedeckst du mit etwas Soße und zerkrümelten Mozzarella. Jetzt legst du weitere Platten darauf und bedeckst wieder mit Soße und Mozzarella. Wiederhole dies ein weiteres Mal. Auf die oberste Schicht Soße streust du den geriebenen Parmesan.
8. Die Lasagne braucht bei 200 °C etwa 20 Minuten, bis sie serviert werden kann.

TIPP: Passe die Rezepte und deren Mengenangaben stets an das Fassungsvermögen der Heißluftfritteuse an.

WÄRMENDES RINDERGULASCH

Portionen: 2 | Zubereitungsdauer: 30 Minuten

ZUTATEN:

500 g Gulaschfleisch vom Rind
2 Zwiebeln
2 Knoblauchzehen
1 Stück Ingwer (ca. 1 cm)
eine Handvoll frische Petersilie
1 Stück Sellerie
1 EL Butter
200 g Hokkaidokürbis
1/2 TL Ras El Hanout
1/2 TL Bratengewürz
2 EL Tomatenmark
Salz, Pfeffer
eine geriebene Zitronenschale
80 ml Wasser
50 ml Essig
250 ml Brühe
1 TL Stärke oder 1 EL Mehl
100 ml Sahne

ZUBEREITUNG:

1. Brate das Fleisch in der Butter bei 180 °C im Topf der Heißluftfritteuse für mehrere Minuten an.
2. Schneide das Gemüse klein und gib alles, mit Ausnahme des Kürbisses, zum Fleisch. Im gleichen Schritt kannst du würzen und die Mischung abschmecken.
3. Lösche das Ganze nach fünf Minuten mit Wasser, Essig und der Brühe ab. Gib außerdem die Petersilie, das Tomatenmark und die Zitronenschale hinzu.
4. Warte fünf Minuten, bis du den Kürbis in den Topf gibst. Vergiss nicht, umzurühren. Lass alles zehn Minuten schmoren.
5. Zum Schluss verrührst du die Stärke mit der Sahne und bindest damit die Soße.

Zum Gulasch passen Nudeln, Reis oder auch Kartoffeln.

HACKBRATEN

Portionen: 3 | Zubereitungsdauer: 30 bis 40 Minuten

ZUTATEN:

500 g Rinderhackfleisch
1 Brötchen vom Vortag oder Semmelbrösel
1 Zwiebel
2 Knoblauchzehen
50 ml Sahne
1 Eier
2 TL Senf
1 TL Majoran
1 1/2 TL Salz
1 Prise Pfeffer
edelsüßes Paprikapulver
Sweet-Chili-Soße
Öl
optional: Tabasco

ZUBEREITUNG:

1. Schneide die geschälte Zwiebel in Würfel und gib sie mit dem Hackfleisch in eine Schale.
2. Zerdrücke den Knoblauch in einer Presse.
3. Füge den Knoblauch, die Semmelbrösel sowie alle weiteren Zutaten hinzu.
4. Knete das Ganze gut durch, bis eine homogene Masse entsteht.
5. Schmecke die Masse noch mal ab und würze gegebenenfalls nach.
6. Forme den Braten zu einem einzigen großen oder mehreren kleinen Stücken. Bestreiche oder besprühe ihn mit etwas Öl.
7. Heize den Airfryer auf 190 °C vor und stelle anschließend die Form mit dem Braten in das Gerät.
8. Der Braten sollte je nach Dicke und Breite 20 bis 30 Minuten garen. Wende ihn alle sieben Minuten.
9. Anschließend bestreichst du den Braten oben mit Sweet-Chilisoße und lässt ihn weitere fünf bis zehn Minuten garen.
10. Nach einer kurzen Ruhezeit von drei bis vier Minuten ist der Hackbraten servierfertig. Er schmeckt gut zu Ofengemüse, Nudeln, Reis oder Bulgur.

TIPP: Es kann sein, dass du manchmal mit der Temperatur und Zeit experimentieren musst, bis du das ideale Endergebnis erhältst.

LAMMKOTELETTS MIT SALAT

Portionen: 2 bis 3 | Zubereitungsdauer: 20 Minuten

ZUTATEN FÜR DIE KOTELETTS:

6 Lammkoteletts
1 Bio-Zitrone
2 EL Olivenöl
1 EL Oregano
1 TL Minze
1 Prise Chilipulver
1 TL Salz
1/2 TL Pfeffer

ZUTATEN FÜR DEN SALAT:

100 g gemischte Salatblätter
1/2 Salatgurke
5 Tomaten
1 rote Paprikaschote
1 rote Zwiebel
100 g Hirtenkäse
2 EL Olivenöl
eine Handvoll frische Petersilie
Zitronensaft
Salz, Pfeffer

ZUBEREITUNG:

1. Entferne mit einem Messer das Fett vom Fleisch.
2. Reibe etwas von der Zitronenschale ab und drücke die Zitrone aus. Den Saft sowie die Schale gibst du in eine Schüssel.
3. Füge die Gewürze und das Öl hinzu und verrühre gut, bevor du die Koteletts in die Marinade legst. Lass das Fleisch mindestens 30 Minuten, besser über Nacht, darin liegen.
4. Im Anschluss wird die Heißluftfritteuse auf 200 °C vorgeheizt und die Koteletts werden darin etwa zehn Minuten gegart. Hat deine Fritteuse eine Grillfunktion, nutze diese. Ohne Grillfunktion brätst du die Koteletts im normalen Einsatz.
5. Für den Salat schneidest du den Käse, die Petersilie und das Gemüse in feine Scheiben, Würfel und Ringe.
6. Vermenge den Salat mit dem Öl sowie einem Schuss Zitronensaft und würze mit Salz und Pfeffer bzw. anderen Gewürzen deiner Wahl.

WÜRSTCHEN IM SCHLAFROCK

ZUTATEN:

1 Packung Blätterteig
4 Geflügelwürste
Goudascheiben
1 Eigelb

Portionen: 1 bis 2 | Zubereitungsdauer: 25 Minuten

ZUBEREITUNG:

1. Schneide den Blätterteig in vier etwa 15 cm große Quadrate.
2. Halbiere die Würstchen der Länge nach und schneide den Käse in Streifen.
3. Nun legst du je ein Würstchen auf ein Teigquadrat. Die Käsestreifen legst du zwischen die halbierten Würste.
4. Für die Optik schneidest du den Blätterteig beidseitig des Würstchens ein und klappst abwechselnd einen Streifen links, einen Streifen rechts über das Würstchen.
5. Als Nächstes verquirlst du das Eigelb mit einer Gabel und streichst es über den Teig.
6. Die in Teig verpackten Würstchen dürfen 15 bis 20 Minuten bei 180 °C im Airfryer braten.

TIPP: In vielen Rezepten kannst du die Zutaten oder die Mengenangaben problemlos an deinen Geschmack und deine Bedürfnisse anpassen. Den Blätterteig kannst du auch durch anderen Fertigteig oder selbst gemachten Teig ersetzen.

MAULTASCHEN-AUFLAUF

Portionen: 3 bis 4 | Zubereitungsdauer: 30 Minuten

ZUTATEN:

4 tiefgekühlte Maultaschen
1 Zwiebel
2 Knoblauchzehen
1 kleine Zucchini
1 Dose passierte Tomate
100 ml Sahne
italienische Kräuter
1 Kugel Mozzarella
1 EL Olivenöl
Salz, Pfeffer
Paprikapulver

ZUBEREITUNG:

1. Wasche und schneide das Gemüse und brate es einige Minuten mit etwas Öl in der Heißluftfritteuse an. Die Temperatur stellst du auf 180 °C.
2. Als Nächstes halbierst du die Maultaschen längs und schneidest sie in Streifen.
3. Nutze eine passende Auflaufform für deine Küchenmaschine oder verwende einen Zubehörbehälter ohne Löcher. Dort hinein legst du die Maultaschenstreifen samt Gemüse.
4. Mische die passierten Tomaten mit der Sahne und den Gewürzen und gib die Soße über die Maultaschen.
5. Schneide den abgetropften Mozzarella in Scheiben. Mit diesen bedeckst du den Inhalt des Fritteusenbehälters.
6. Bei 170 °C darf der Auflauf 20 bis 25 Minuten vor sich hin braten.

ENTENBRUST-BURGER

Portionen: 4 | Zubereitungsdauer: 30 Minuten

ZUTATEN:

2 bis 3 Entenbrüste, je nach Größe
4 TL Fünf-Gewürz-Pulver
2 TL Rohrzucker
1 Prise Salz
5 EL Reisessig
5 EL Sojasoße
1 Stück Ingwer (ca. 2 cm)
1 Chilischote
1 Paprikaschote nach Wahl
150 ml Geflügelbrühe
5 EL Mayonnaise
Salatblätter
2 Tomaten
2 Gewürzgurken
3 EL Sesam
3 EL Butter
4 EL Teriyakisoße
4 Brötchen nach Wahl

ZUBEREITUNG:

1. Schneide die Entenbrüste in dünne, lange Streifen.
2. Für die Marinade mischst du die chinesische Gewürzmischung (alternativ: Fenchel, Pfeffer, Anis, Zimt und Gewürznelke), Zucker, Salz, Reisessig und Sojasoße. Darin lässt du die Entenbruststreifen mindestens 20 Minuten ruhen.
3. Setze nun die Gemüsebrühe an, reibe den Ingwer und schneide Chili- sowie Paprikaschote in kleine Stücke.
4. Das Entenfleisch brätst oder grillst du bei 160 °C zunächst für zehn Minuten.
5. Anschließend gibst du das Fleisch in den Backbehälter deines Airfryers und löschst es mit der Brühe ab. Außerdem gibst du die Gemüsestücke und den Ingwer dazu. Lasse alles sieben Minuten bei 180 °C garen.
6. Röste den Sesam in einer Pfanne, füge die Butter und die Teriyakisoße hinzu und tunke die Brötchen kurz in die Soße. Den Rest der Soße kannst du zum Fleisch schütten.
7. Nimm die Ente aus der Heißluftfritteuse und lass sie abgedeckt etwas ruhen. Die Flüssigkeit kannst du wegschütten. Paprika und Chili legst du nach Belieben ebenfalls auf den Burger.
8. Im nächsten Schritt backst du die Brötchen in der Fritteuse auf.
9. Bereite Salatblätter, Tomaten und Gurken für den Belag vor.
10. Zum Schluss belegst du die halbierten Brötchen mit dem Entenfleisch, Mayonnaise, Salat, Tomaten und Gurken.

TIPP: Brötchen lassen sich optimal in der Heißluftfritteuse backen. Dabei ist es egal, ob sie gefroren, aufgetaut oder schon vom Vortag sind. Aufbackbrötchen brauchen etwa acht Minuten bei 170 °C, Brötchen vom Vortag sind hingegen schon nach vier Minuten bei 180 °C wieder frisch. Brötchen vom Vortag solltest du mit etwas Wasser befeuchten.

LAMM IN WALNUSSKRUSTE

Portionen: 3 | Zubereitungsdauer: 35 Minuten

ZUTATEN:

1 Knoblauchzehe
4 EL Olivenöl
400 g Lammrücken am Knochen
Salz, Pfeffer
Kreuzkümmelpulver
gemahlener Koriander
geräuchertes Paprikapulver
50 g fein gehackte Walnüsse
3 EL Semmelbrösel
1 TL Thymian
1 TL Rosmarin
3 EL Butter
1 Bio-Zitrone

ZUBEREITUNG:

1. Schäle den Knoblauch und presse ihn.
2. Gib Olivenöl sowie jeweils eine Prise Salz, Pfeffer, Koriander, Kreuzkümmel und geräuchertes Paprikapulver zum Knoblauch und vermische alles gut.
3. Bepinsele das Lammfleisch mit der Mischung und lass es ruhen.
4. Jetzt zerkleinerst du die Nüsse und die Kräuter im Mixer.
5. Darunter mischst du die weiche Butter und die Semmelbrösel.
6. Drücke das Lammfleisch beidseitig in die Panade, sodass es rundum bedeckt ist.
7. Heize deine Heißluftfritteuse auf 130 °C vor und gare das Lammfleisch für acht Minuten. Danach erhöhst du die Temperatur auf 180 °C. Die Garzeit beträgt weitere 25 Minuten.

HÄHNCHEN-TACOS

Portionen: 6 | Zubereitungsdauer: 25 bis 35 Minuten

ZUTATEN:

450 g Hähnchenschenkel, ohne Haut und Knochen
1 EL Olivenöl
1 TL Chilipulver
1 TL Kreuzkümmel
1 TL Knoblauchpulver
1 TL Paprikapulver
1/2 Teelöffel Salz
12 Maistortillas
200 g geriebener Käse
2 rote Zwiebeln
150 g Tomaten
100 ml saure Sahne
1 Limette
optional: 2 EL frischer Koriander

ZUBEREITUNG:

1. Gib die Gewürze in ein Schälchen und verrühre sie gut.
2. Lege die Hähnchenschenkel in eine Schüssel mit Deckel und begieße sie mit Öl.
3. Schütte die Gewürze ebenfalls in die Schüssel und verschließe sie gut. Jetzt schüttelst du so lange, bis das Fleisch von allen Seiten mit Gewürzen bedeckt ist.
4. Als Nächstes kommt das Hähnchen in den Korb des Airfryers. Hier brät es für 15 bis 18 Minuten bei 190 °C.
5. Entnehme das Hähnchen und zerreiße es mithilfe von zwei Gabeln in kleine Stücke.
6. Fülle jetzt die Maistortillas mit Käse und Hähnchenfleisch und falte sie mittig.
7. Der Garkorb sollte zwischendurch gereinigt werden, damit nichts anbrennt.
8. Besprühe die Tacos mit Öl und gib jeweils eine Schicht in die Heißluftfritteuse.
9. Stelle eine Temperatur von 200 °C ein und frittiere die Tacos für fünf Minuten.
10. Währenddessen schälst und würfelst du das Gemüse und stellst es in verschiedenen Schälchen bereit. Weitere Schälchen befüllst du mit Sauerrahm, gehacktem Koriander und einer geviertelten Limette.

TIPP: Mit einem Bratenthermometer kannst du die Innentemperatur des Fleischs überprüfen. Hat das Hähnchen eine Temperatur von 75 °C erreicht, ist es fertig.

JAPANISCHES KATSU-HÄHNCHEN

Portionen: 2 | Zubereitungsdauer: 25 bis 35 Minuten

ZUTATEN:

2 große Hähnchenbrüste oder Hähnchenschenkel
1 TL Salz
1/2 TL Pfeffer
100 g Maisstärke
2 Eier
70 g Paniermehl oder Panko
4 EL Öl
1 EL Ketchup
1 EL Worcestersoße
2 TL Austernsoße
1 gehäufter TL Zucker

ZUBEREITUNG:

1. Vergrößere das Hähnchenfleisch mithilfe des Schmetterlingsschnitts und schlage das Fleisch mit einem Fleischhammer zart und platt.
2. Im nächsten Schritt salzt und pfefferst du das Fleisch von beiden Seiten.
3. In drei Schälchen gibst du Maisstärke, verquirlte Eier und das Paniermehl.
4. Paniere die Schnitzel und achte darauf, dass sie vollkommen mit Panade bedeckt sind.
5. Besprühe die Schnitzel mit Öl und gib je nach Größe eines oder beide in einer einzigen Schicht in den Fritteusenbehälter. Bei 180 °C garen die Schnitzel 14 bis 18 Minuten. Wende sie nach der Hälfte der Garzeit und besprühe die Oberseite erneut mit Öl.
6. Für die Tonkatsusoße verrührst du Ketchup mit Worcestershiresoße, Austernsoße und weißem Zucker.
7. Nachdem du die Schnitzel herausgenommen hast, schneidest du sie in Streifen und servierst sie mit der Soße.

HACKFLEISCH-QUESADILLAS

Portionen: 3 bis 4 | Zubereitungsdauer: 30 Minuten

ZUTATEN:

450 g Rinderhackfleisch
1 Packung Taco-Gewürz
Wasser
8 Maistortillas
200 g Emmentaler
200 g Cheddar
100 ml Salsa

ZUBEREITUNG:

1. Heize deine Heißluftfritteuse auf 200 °C vor.
2. Mische das Rindfleisch mit etwas Öl und lass es für zehn Minuten im Airfryer durchbraten.
3. In die austretende Flüssigkeit gibst du das Taco-Gewürz. Je nach Menge der Flüssigkeit musst du etwas Wasser zugeben.
4. Das Ganze lässt du fünf bis sieben Minuten garen.
5. Anschließend entnimmst du das Fleisch und wischst den Korb kurz aus.
6. Fülle die Maistortillas mit Fleisch, viel Käse und einem Esslöffel Salsa.
7. Jetzt kannst du die Quesadillas mit etwas Öl bestreichen oder besprühen und in den Garkorb geben. Dort verbleiben sie fünf Minuten. Sind sie knusprig und ist der Käse geschmolzen, kannst du sie servieren. Abhängig von der Größe deines Airfryers kann es sein, dass du die Tortillas in zwei Runden backen musst.

TIPP: Zu Tacos und Quesadillas kannst du verschiedene Toppings und Soßen servieren. Avocadocreme, Bohnen und Salate sind beliebte Zutaten.

ORIENTALISCH GEFÜLLTE PAPRIKASCHOTEN

Portionen: 4 | Zubereitungsdauer: 35 Minuten

ZUTATEN:

100 g Couscous
4 Paprikaschoten nach Wahl
1 Bund Lauchzwiebeln
30 g Petersilie, frisch
400 g Rinderhackfleisch
50 g Rosinen
2 Eier
1 TL Kreuzkümmelpulver
1 Prise Zimt
Salz, Pfeffer
400 ml Tomatensoße Basilikum
100 ml Gemüsebrühe

ZUBEREITUNG:

1. Erhitze etwa 150 ml Wasser, schütte es in eine Schüssel und gib den Couscous hinein. Lege einen Deckel darauf und lasse den Couscous ziehen. Zwischendurch umrühren.
2. Schneide die Deckel der Paprikaschoten ab, entkerne und wasche sie. Lege die Deckel beiseite.
3. Schneide die Frühlingszwiebeln in dünne Ringe und hacke die gewaschene Petersilie.
4. Mische das Hackfleisch sorgfältig mit Couscous, Rosinen, Frühlingszwiebeln, zwei von drei Teilen Petersilie, Eiern und den Gewürzen.
5. Drücke die Masse in die Paprikaschoten und verschließe sie mit den Deckeln.
6. Setze die Gemüsebrühe an und vermische diese mit der Tomatensoße.
7. Gib sowohl die Soße als auch die gefüllten Paprika in einen Garbehälter ohne Löcher oder lege den Korb mit Alufolie aus. Bei 180 °C brauchen die Paprikaschoten etwa 25 Minuten, bis sie gar sind.
8. Bestreue die Schoten mit der restlichen Petersilie und serviere sie.

ENTRECÔTE-STEAK

Portionen: 4 | Zubereitungsdauer: 15 Minuten

ZUBEREITUNG:

1. Heize den Airfryer auf 200 °C vor.
2. Bestreiche die Steaks beidseitig mit Öl.
3. Lasse die Steaks für fünf Minuten braten, bis du die Temperatur auf 100 °C reduzierst. Jetzt dürfen sie weitere vier Minuten garen.
4. Würze nach Belieben mit Salz und Pfeffer.

TIPP: Bei einer Dicke von 2 cm werden die Steaks Medium rare. Schneide ein Steak ein, um zu sehen, wie weit es ist. Bevorzugst du dein Steak weniger/mehr gar, variiere die Garzeit.

ZUTATEN:

4 Steaks, Entrecôte
1 EL Öl
Salz, Pfeffer

FALSCHER HASE MIT WURZELGEMÜSE

Portionen: 2 | Zubereitungsdauer: 35 Minuten

ZUTATEN:

200 g Rinderhackfleisch
1 Scheibe Toastbrot
1 Ei
1 weiße Zwiebel
1 rote Zwiebel
1 Knoblauchzehe
1/2 EL Senf
1/2 TL Majoran
1 Prise Kümmelpulver
Salz, Pfeffer
300 g Wurzelgemüse
125 ml Gemüsebrühe
Olivenöl

ZUBEREITUNG:

1. Schäle das Wurzelgemüse, schneide es in dünne Stifte und salze es.
2. Schäle die rote Zwiebel und gib sie mit etwas Öl zum Wurzelgemüse. Vermenge alles gut miteinander.
3. Das Gemüse darf nun für sieben Minuten bei 180 °C garen und danach rausgeholt werden.
4. Lasse dann ein Ei bei 170 °C ebenfalls sieben Minuten garen.
5. Schäle und schneide sowohl die weiße Zwiebel als auch den Knoblauch.
6. Unterdessen vermengst du das Hackfleisch mit zerbröseltem Toastbrot, Knoblauch, Zwiebel, Senf und Gewürzen.
7. Drücke die Fleischmasse glatt, lege das gekochte Ei darin und forme die Masse zu einer länglichen Rolle und lege sie auf das Gemüse.
8. Schütte die Gemüsebrühe zu Gemüse und Fleisch. Alles zusammen darf 25 Minuten bei 170 °C garen.

FISCH

WOLFSBARSCH MIT DILLKARTOFFELN

Portionen: 1 | Zubereitungsdauer: 35 Minuten

ZUTATEN:

1 Wolfsbarsch, ausgenommen und entschuppt
2 Zitronen
1 Bund Petersilie
2 EL frischer Dill
500 g Frühkartoffeln
3 Knoblauchzehen
1 TL Paprikapulver
1 Zwiebel
2 EL Olivenöl
Salz, Pfeffer

ZUBEREITUNG:

1. Schneide die Zitrone sowie die Zwiebel in Scheiben.
2. Wasche den Barsch und tupfe ihn vorsichtig trocken.
3. Schneide den Fisch nun beidseitig viermal ein und stecke Dill, Petersilie, Zwiebel und Zitrone ins Innere des Barschs. Der Fisch darf jetzt abgedeckt und gekühlt ruhen.
4. Schneide die Kartoffeln in Scheiben und wasche sie.
5. Vermische Dill, Knoblauchstücke und die Gewürze mit Olivenöl und schwenke die Kartoffelscheiben darin.
6. Ist der Airfryer auf 200 °C vorgeheizt, dürfen die Kartoffeln etwa 15 Minuten braten. Rühre nach der Hälfte der Zeit durch.
7. Bestreiche den Fisch mit Öl und würze ihn mit Salz und Pfeffer.
8. Für 15 Minuten legst du den Fisch zu den Kartoffeln.

TIPP: Wenn die Augen des Fisches weiß sind und sich die Rückenflosse mühelos entnehmen lässt, ist der Fisch gar.

LACHS MIT KOKOSNUSS-REIS

Portionen: 4 | Zubereitungsdauer: 20 Minuten

ZUTATEN:

200 g Jasminreis
4 Lachsfilets
400 ml Kokosnussmilch
50 ml Wasser
1 TL Salz
300 g Babymais, Zuckererbsen, grüne Bohnen
1 EL frischer Koriander
1 Bio-Limette
1 EL Sonnenblumenöl
1 EL Sojasoße
1 TL Honig
2 EL Currypaste

ZUBEREITUNG:

1. Rühre mit Öl, Sojasoße, Honig und Currypaste eine Marinade an.
2. Reibe etwas Schale von der Limette ab und drücke den Saft aus. Beides mischst du unter die Marinade.
3. Nun bestreichst du den Lachs damit und lässt ihn mindestens 20 Minuten ziehen.
4. Wasche den Reis, bis das Abtropfwasser klar ist.
5. Gib den Reis zusammen mit Kokosmilch und Wasser in den Topf deines Airfryers. Lege das Gemüse oben auf und lasse alles bei 180 °C sieben Minuten garen.
6. Stelle zusätzlich ein Tablett in den Topf, welches du mit Öl bestreichst.
7. Lege den Lachs mit der Haut nach unten auf das Tablett und brate ihn für zehn Minuten.
8. Nimm das Tablett mit dem Lachs aus der Fritteuse und prüfe, ob Reis und Gemüse gar sind. Falls notwendig, verlängere die Garzeit.

TIPP: Hat deine Heißluftfritteuse nur wenig Zubehör, kannst du zusätzliche Einsätze wie ein Tablett mit Standfüßen kaufen. Achte jedoch darauf, dass die Maße passen.

PANIERTES FISCHFILET MIT KNOBLAUCHQUARK

ZUTATEN:

500 g Fischfilet nach Wahl
1 Ei
100 g Paniermehl
1/2 Zitrone
1 bis 2 Knoblauchzehen
Dill
200 g Quark
Salz, Pfeffer
Öl

Portionen: 2 bis 3 | Zubereitungsdauer: 20 Minuten

ZUBEREITUNG:

1. Würze die Fischfilets mit Dill, Salz und Pfeffer.
2. Den Saft der halben Zitrone mischst du mit Ei in einem flachen Teller.
3. In eine weitere Schale gibst du das Paniermehl.
4. Gib die Filets nun von beiden Seiten zunächst in das verquirlte Ei. Danach legst du sie in das Paniermehl.
5. Lege den Fritteusenbehälter mit Backpapier aus, stelle die Temperatur auf 200 °C und warte, bis der Airfryer aufgeheizt ist.
6. Besprühe oder bestreiche die Filets mit etwas Öl.
7. Je nach Größe und Dicke der Filets bleiben sie bis zu 15 Minuten in der Küchenmaschine.
8. Während der Fisch gart, schälst du die Knoblauchzehen. Mit einer Knoblauchpresse drückst du den Knoblauch in den Quark, den du zuvor in ein Schälchen gegeben hast.
9. Würze den Quark mit Salz, Pfeffer, Dill und mische etwas Öl unter.

BUTTER-ZITRONEN-STEINBUTT

Portionen: 2 | Zubereitungsdauer: 15 Minuten

ZUTATEN:

2 entgrätete Steinbuttfilets
1 EL Butter
1 Ei
1/2 Zitrone
100 g Paniermehl
Salz, Pfeffer
2 EL Olivenöl

ZUBEREITUNG:

1. Presse den Saft aus der halben Zitrone und mische ihn mit Ei, Salz, Pfeffer und weicher Butter.
2. Gib das Paniermehl in ein zweites Schälchen.
3. Paniere beide Filets, indem du sie erst in die Ei-Mischung gibst und danach in das Paniermehl drückst.
4. Die Filets sollten zudem leicht eingeölt werden.
5. Liegt deiner Heißluftfritteuse Grillzubehör bei, legst du den Fisch auf die Grillplatte. Alternativ legst du den Garkorb mit Backpapier aus und legst die Filets darauf.
6. Bei 160 °C soll der Fisch acht bis zehn Minuten garen.

TIPP: Weniger Esslöffel Öl sorgen dafür, dass die Lebensmittel saftiger bleiben. Mit einer Sprühflasche lässt sich das Öl mühelos auch auf panierten Speisen auftragen.

GEBRATENES LACHSTATAR MIT GRÜNEM SALAT

ZUTATEN:
200 g Lachsfilet
2 EL Sesamöl
Salz, Pfeffer
1 Prise Cayennepfeffer
1 Prise schwarzer Sesam
1/2 Bio-Zitrone
1 Packung gemischte Salatblätter
1 EL Senf
1 TL Honig
1 EL Essig
1 EL Olivenöl

Portionen: 2 | Zubereitungsdauer: zehn Minuten

ZUBEREITUNG:

1. Entferne – falls vorhanden – die Haut vom Lachsfilet.
2. Schneide den Lachs in kleine Würfel.
3. Drücke einen Esslöffel Saft aus der Zitrone und reibe etwas Schale ab.
4. Gib Zitronensaft und -abrieb sowie Sesam und Sesamöl zu den Lachswürfeln und würze nun mit Salz, Pfeffer, Cayennepfeffer.
5. Verrühre die Masse gut und forme sie mithilfe von Löffeln zu Klößen.
6. Heize dein Küchengerät auf 180 °C vor und brate das Lachstatar vier Minuten.
7. Währenddessen bereite das Salatdressing vor, indem du Essig, Öl, Senf, Honig und eine Prise Salz miteinander vermengst.

FRIKADELLEN AUS EINER HACKFLEISCH-THUNFISCH-MISCHUNG

ZUTATEN:

400 g Rinderhackfleisch
1 Dose Thunfisch im eigenen Saft
1 Zwiebel
1 Knoblauchzehe
Salz, Pfeffer
1 TL Oregano, Thymian
1 EL Öl
1 EL Senf

Portionen: 2 bis 3 | Zubereitungsdauer: 15 Minuten

ZUBEREITUNG:

1. Zerkleinere das Hackfleisch und den Thunfisch.
2. Schäle und schneide sowohl Zwiebel als auch Knoblauch.
3. Vermenge alle Zutaten miteinander und forme die Masse zu kleinen Kugeln.
4. Heize den Airfryer auf 180 °C vor und lege die Kugeln in den Garkorb. Dort dürfen sie etwa 15 Minuten garen.

TIPP: Der Garkorb der Heißluftfritteuse eignet sich bestens für Speisen, die Flüssigkeit ausschwitzen, da Wasser und Fett hier problemlos ablaufen können.

HERZHAFTER FLAMMKUCHEN MIT LACHSFORELLE

ZUTATEN:

1 Packung Flammkuchenteig
1 Becher Crème fraîche
1 Apfel
1 Blauschimmelkäse
1 rote Zwiebel
1 Packung geräucherte Lachsforelle
eine Handvoll Rucola
Salz, Pfeffer

Portionen: 2 | Zubereitungsdauer: 20 Minuten

ZUBEREITUNG:

1. Zunächst musst du den Flammkuchenteig passend zuschneiden.
2. Dann schneidest du den Käse sowie den Apfel in Scheiben und die Zwiebel in Ringe.
3. Mische die Crème fraîche mit Salz und Pfeffer, bevor du den Teig damit bestreichst.
4. Belege ihn nun mit Apfel, Zwiebeln und Käse.
5. In der Heißluftfritteuse braucht der Flammkuchen etwa acht Minuten bei 200 °C, bis er fertig ist.
6. Serviere ihn mit Rucola und der Lachsforelle.

LACHS IN PISTAZIENKRUSTE

Portionen: 2 | Zubereitungsdauer: 15 Minuten

ZUTATEN:

200 g Lachsfilet
1 Zwiebel
30 g Pistazien
2 Zweige Thymian
80 g Paniermehl
1 EL Butter
1 TL Senf
Salz, Pfeffer

ZUBEREITUNG:

1. Bereite die Filets vor. Dafür entfernst du, falls nötig, die Haut. Danach salzt und pfefferst du die Filets.
2. Zerkleinere die Pistazien gemeinsam mit den Thymianblättern und der Zwiebel in einem Mixer.
3. Zu der Masse gibst du weiche Butter, Senf, Paniermehl und Pfeffer.
4. Drücke diese Masse gleichmäßig auf die Lachsfilets.
5. Die Filets garen zunächst acht Minuten bei 140 °C, bevor du die Temperatur für drei Minuten auf 180 °C erhöhst.

Dazu passen Salat, Kartoffelwedges sowie Meerrettichpaste.

TIPP: Anstelle von Paniermehl kannst du auch Semmelbrösel oder Panko verwenden. Panko ähnelt klassischem Paniermehl, ist allerdings etwas grober in seiner Konsistenz. Es eignet sich daher ideal für knusprige Krusten.

MARINIERTE LACHSFILETS

Portionen: 4 | Zubereitungsdauer: 30 Minuten

ZUTATEN:

800 g Lachsfilets
500 g frischer Spinat
150 g Walnüsse
50 g geschälte Sonnenblumenkerne
1 Bio-Zitrone
1 EL Öl
1 TL Salz
1/2 TL Pfeffer
1 Knoblauchzehe
1 Prise Paprikapulver

ZUBEREITUNG:

1. Mische den Saft einer Zitrone mit Zitronenschalenabrieb, Öl, Salz, Pfeffer und Paprikapulver.
2. Schäle eine Knoblauchzehe und presse diese in die Marinade. Gut durchrühren.
3. Schneide den Lachs in vier Filetstücke.
4. Bestreiche den Lachs von allen Seiten mit der Marinade bzw. lass die Filets für mindestens 20 Minuten in der Marinade liegen.
5. Lass die Filets bei 200 °C für zehn Minuten garen. Eventuell musst du in zwei Durchgängen jeweils zwei Filets braten.
6. Schwenke den Spinat durch die Marinade.
7. Zerhacke die Walnüsse grob.
8. Erhitze eine Pfanne ohne Öl. Brate die Walnüsse und Sonnenblumenkerne unter ständiger Bewegung etwa zwei Minuten an.
9. Gib den Spinat zwei Minuten vor Garzeitende mit zum Lachs.
10. Serviere den Spinat mit den Walnüssen und Sonnenblumenkernen zu den Lachsfilets.

RIESENGARNELEN IN KOKOS-SOSSE

Portionen: 4 | Zubereitungsdauer: 20 Minuten

ZUTATEN:

450 g Riesengarnelen
1 Zwiebel
2 Knoblauchzehen
1 Stück Ingwer (2 cm)
1 Chilischote
1 EL Öl
Schale einer Limette
1 EL Currypulver
300 ml Kokosmilch
2 EL Sojasoße
1 TL Zucker
Basilikum
Salz

ZUBEREITUNG:

1. Entkerne die Chilischote und schneide diese sowie Zwiebel, Knoblauch und Ingwer in sehr kleine Stücke.
2. Bei vorgeheizten 180 °C gibst du das Gemüse mit einem Schuss Öl für drei Minuten in die Heißluftfritteuse.
3. Wasche die Riesengarnelen und tupfe sie gut ab, bevor du sie für acht Minuten zu dem Gemüse gibst.
4. Füge geriebene Limettenschale, Curry, Kokosmilch, Sojasoße und Zucker hinzu und vermenge alles gut miteinander.
5. Nach weiteren vier Minuten Garzeit ist das Gericht fertig. Schmecke mit Salz ab und serviere es nach Belieben mit Basilikum.

Dazu passen beispielsweise Quinoa oder Reis.

TIPP: Am einfachsten ist es, wenn du die Garnelen bereits geschält kaufst. Andernfalls drehe den Kopf vom Körper ab und trenne abstehende Innereien ab. Dann entfernst du die Schale. Mache einen 2-mm-tiefen Schnitt am Rücken, um den Darm herauszunehmen.

KABELJAU MIT BLATTSPINAT

Portionen: 4 | Zubereitungsdauer: 30 Minuten

ZUTATEN:

600 g Kabeljaufilet
400 g Kartoffeln
600 g frischer Spinat
1 Zwiebel
100 g Cherrytomaten
1 Zitrone
3 Knoblauchzehen
1 TL frischer Thymian
1 Prise Senfsamen
4 Spritzer Zitronensaft
20 ml Essig
2 EL Olivenöl
Salz, Pfeffer
1 Prise Muskatnuss

ZUBEREITUNG:

1. Schäle und schneide die Kartoffeln in Spalten, bevor du sie durch gesalzenes Öl schwenkst.
2. Die Kartoffelspalten müssen nun zehn Minuten im vorgeheizten Airfryer bei 160 °C garen.
3. Bereite vier Bögen Backpapier vor. Sie sollen groß genug sein, dass sie zu einem Päckchen mit je einem Fischfilet gebunden werden können.
4. Wasche das Gemüse und den Fisch.
5. Stampfe eine Prise Senfkörner im Mörser zu Pulver.
6. Halbiere die Tomaten, schneide Zwiebel und Zitrone in Scheiben und zwei Knoblauchzehen in Würfel. Gib dies zusammen mit je einem Kabeljaufilet, Pfeffer, Salz, Thymianblättern, Senfpulver, etwas Öl und je einem Spritzer Zitronensaft in die Backpapierpäckchen und binde sie zu.
7. Gib die Päckchen für 15 Minuten zu den Kartoffeln in die Heißluftfritteuse.
8. Drei Minuten vor Ende der Garzeit schüttest du den gewaschenen Spinat ebenfalls in die Fritteuse.
9. Lösche mit Essig ab und würze abschließend mit Salz, Pfeffer und Muskatnuss.

ZANDER-LACHS-ROLLEN

Portionen: 3 | Zubereitungsdauer: 30 Minuten

ZUTATEN FÜR DEN TEIG:

250 g Weizenmehl
2 Eier
1 Prise Salz
60 ml Wasser

ZUTATEN FÜR DIE FÜLLUNG:

200 g Zanderfilet
80 g Lachsfilet
150 ml Sahne (30 % Fett)
Salz, Pfeffer
1 EL Zitronensaft
150 g Blattspinat
1 Eiweiß
rosenscharfes Paprikapulver
4 EL Olivenöl

ZUBEREITUNG:

1. Vermenge für den Teig alle Zutaten und knete ihn zu einer homogenen Masse. Lass diese etwa zehn Minuten ruhen.
2. Wasche und zerkleinere den Blattspinat anschließend in einem Mixer.
3. Knete den Teig erneut und rolle ihn hauchdünn in mindestens drei Rechtecke aus.
4. Bestreiche die Rechtecke mit dem Blattspinat, lasse jedoch auf der langen Seite 2 cm Platz zum Rand.
5. Gib das angetaute Zanderfilet samt Sahne, Salz, Pfeffer, Zitronensaft und 2 EL Öl in den Mixer und püriere, bis du eine feine Masse hast.
6. Mit einem Löffel bestreichst du nun die Spinatrechtecke mit der Fischmasse.
7. Schneide das Lachsfilet in lange 1,5 cm dicke Stücke und würze diese mit Salz, Pfeffer und Paprikapulver. Den Lachs legst du in die Mitte der Teigrechtecke.
8. Rolle die Rechtecke ein und verklebe sie mit dem Eiweiß gut.
9. Bevor du die Rollen für 15 Minuten bei 160 °C in die Heißluftfritteuse gibst, besprühst du sie mit etwas Öl.

LACHS AUF WIRSING

Portionen: 1 bis 2 | Zubereitungsdauer: 35 Minuten

ZUTATEN:

200 g Lachsfilet
1 Knoblauchzehe
100 g Joghurt (3,5 % Fett)
4 EL Parmesan
200 g Wirsing
1 Zwiebel
100 ml Sahne (15 % Fett)
50 ml Gemüsebrühe
Salz, Pfeffer
Muskatnuss
Cayennepfeffer
edelsüßes Paprikapulver

ZUBEREITUNG:

1. Tupfe die Lachsfilets trocken und würze sie mit Salz, Pfeffer sowie einer gepressten Knoblauchzehe.
2. Den Parmesan vermischst du mit dem Joghurt und gibst Salz, Paprikapulver und Cayennepfeffer hinzu.
3. Bestreiche den Lachs mit der Mischung und lasse ihn gekühlt etwa eine Stunde ziehen.
4. Entferne die äußeren Blätter des Wirsings und schneide ihn in feine Streifen. Schäle und schneide die Zwiebel ebenfalls.
5. Heize deinen Airfryer auf 200 °C vor und lass ein Stück Butter darin schmelzen.
6. Nun lässt du Wirsing und Zwiebel unter mehrmaligem Wenden zehn Minuten darin schmoren.
7. Setze die Gemüsebrühe an und gib sie mit der Sahne, Salz, Pfeffer und Muskatnuss zum Wirsing.
8. Reduziere die Temperatur auf 180 °C und lege den Lachs auf das Gemüse. Lass alles weitere 20 Minuten braten.

TIPP: Anstelle von Öl kannst du oft auch Butter verwenden. Der Vorteil an Butter ist, dass sie einen angenehmen Eigengeschmack mit sich bringt, der beispielsweise gut zu Fisch und Kartoffeln passt.

KNOBLAUCH-HONIG-LACHS

Portionen: 2 | Zubereitungsdauer: zehn Minuten

ZUTATEN:

2 Lachsfilets
80 g Honig
60 ml Sojasoße
4 Knoblauchzehen
Salz, Pfeffer

ZUBEREITUNG:

1. Schäle und presse die Knoblauchzehen in ein Schälchen.
2. Füge Sojasoße und Honig zum Knoblauch und verrühre das Ganze sorgfältig.
3. Würze die trocken getupften Lachsfilets mit Salz und Pfeffer.
4. Lege den Fritteusenbehälter mit Alufolie aus und heize die Fritteuse auf 200 °C vor.
5. Jetzt befüllst du den Garbehälter mit den Filets und gießt die Marinade darüber.
6. Nach fünf bis acht Minuten ist der Lachs servierfertig. Die Soße, die sich in der Alufolie gesammelt hat, eignet sich optimal zum Servieren.

TIPP: Nimm eine Gabel, die du in den Fisch stichst. Lässt sich der Lachs leicht zerteilen, ist er fertig. Anderenfalls braucht er noch ein paar Minuten im Airfryer.

KNUSPRIGE LACHSHAPPEN

Portionen: 2 | Zubereitungsdauer: 15 Minuten

ZUTATEN:

200 g Lachsfilet
Mehl
1 Ei
100 g Cornflakes
1 Knolle Fenchel
1 Bio-Zitrone
1 Prise Zucker
Balsamico-Essig
Olivenöl
Salz, Pfeffer

ZUBEREITUNG:

1. Schneide das Lachsfilet in kleine Würfel, etwa 3 x 2 cm.
2. Würze diese mit Saft der Zitrone, Salz und Pfeffer.
3. Wasche und halbiere den Fenchel. Anschließend schneidest du ihn in Streifen.
4. Mariniere den Fenchel mit Zitronensaft, Salz, Pfeffer und Olivenöl für zehn Minuten.
5. Teile Mehl, verquirltes Ei und zerbröselte Cornflakes auf drei Schälchen auf.
6. Darin panierst du die Lachshappen.
7. Besprühe sie mit etwas Öl und backe sie bei 190 °C für sieben Minuten.
8. Serviere die Lachswürfel zum Schluss mit dem Fenchel und einem Schuss Balsamico-Essig.

VEGETARISCH

ÜBERBACKENES TOMATEN-MOZZARELLA-BAGUETTE

ZUTATEN:
Baguette oder Brötchen
8 Cherrytomaten
1 Avocado
1 Packung Mozzarella
1 Lauchzwiebel
1 Knoblauchzehe
eine Handvoll frisches Basilikum
Olivenöl
Salz

Portionen: 2 bis 3 | Zubereitungsdauer: zehn Minuten

ZUBEREITUNG:

1. Hacke Basilikum, schneide das Gemüse und den Käse in kleine Stücke und gib sie in eine Schüssel.
2. Presse die geschälte Knoblauchzehe in das Gemüse und vermische alles mit einem Esslöffel Olivenöl.
3. Schneide das Baguette in Scheiben und bestreue die Scheiben mit dem Belag.
4. Lege die Scheiben vorsichtig auf ein Blatt Backpapier in den Gareinsatz und stelle die Garzeit auf sechs Minuten ein.

TIPP: Auch Brötchen vom Vorteig, Toastbrot oder Sauerteigbrot eignen sich gut für dieses Rezept. Als Belag kannst du außerdem andere Reste, beispielsweise vom Raclette, verwerten.

GEFÜLLTE PAPRIKASCHOTEN

Portionen: 2 bis 3 | Zubereitungsdauer: 30 Minuten

ZUTATEN:

3 große Paprikaschoten
300 g Champignons in Scheiben geschnitten
1 Tasse Spinat
1 Tasse geriebener Mozzarella
3 Eier
250 g frischer Spinat
200 g Mozzarella
3 Eier
Salz, Pfeffer

ZUBEREITUNG:

1. Schneide die sauberen Champignons in Scheiben und zerkleinere den Mozzarella.
2. Brate die Pilze mit dem Spinat, Salz, Pfeffer und etwas Öl für fünf Minuten bei 170 °C in der Heißluftfritteuse.
3. Schneide die Paprikaschoten oben auf und entferne die Kerne.
4. Fülle die Schoten mit der Spinat-Pilz-Mischung und schlage darüber ein Ei auf.
5. Lass die Paprikaschoten für vierzehn Minuten braten, um das Ei zu garen.
6. Gib nun den Käse auf die gefüllten Paprikaschoten und schließe den Airfryer wieder. Ist der Mozzarella zwei bis drei Minuten später geschmolzen, kannst du die Schoten entnehmen.

PFIFFERLINGGULASCH

ZUTATEN:

800 g Pfifferlinge
50 ml Öl
2 Zwiebeln
125 ml Sauerrahm
1 TL edelsüßes Paprikapulver
3 EL Essig
1 TL Mehl
Salz, Pfeffer
eine Handvoll frischer Schnittlauch
eine Handvoll frische Petersilie

Portionen: 4 | Zubereitungsdauer: 25 Minuten

ZUBEREITUNG:

1. Zunächst putzt du die Pfifferlinge und schneidest sie in mundgerechte Stücke.
2. Schäle die Zwiebeln und schneide sie klein.
3. Gib die Zwiebeln mit etwas Öl bei 180 °C für zwei Minuten in die Heißluftfritteuse.
4. Füge jetzt die Pfifferlinge samt Essig und Gewürzen hinzu und rühre sorgfältig durch.
5. Während das Pfifferlinggulasch zehn Minuten vor sich hin gart, verrührst du den Sauerrahm mit Mehl.
6. Vermenge das Gulasch mit dem Sauerrahm und stelle die Garzeit auf fünf Minuten ein.
7. Zerkleinere Schnittlauch und Petersilie und bestreue das Pfifferlinggulasch damit.

TIPP: Damit du dir beim Durchrühren nicht die Finger verbrennst, fasse den Gareinsatz mit einem Küchentuch oder speziellen Grillhandschuhen an.

HOKKAIDO-SOUFFLÉ

ZUTATEN:
1 Hokkaido-Kürbis
1 Zwiebel
2 Eier
1 Knoblauchzehe
1/2 TL Pfeffer
1/2 TL Salz
Paprikapulver
Kreuzkümmel
Chilipulver
Thymian
Zwiebelpulver
150 g Gouda
50 g Paniermehl
Öl

Portionen: 1 bis 2 | Zubereitungsdauer: 25 Minuten

ZUBEREITUNG:

1. Schäle und reibe den Hokkaidokürbis. Schneide außerdem die Zwiebel in Stückchen.
2. Gib beides zusammen mit einem Esslöffel Öl in die Heißluftfritteuse und lass es sechs Minuten bei 175 °C garen.
3. Suche zwei Schälchen, die für die Heißluftfritteuse geeignet sind und gleichzeitig hineinpassen. Alternativ nimmst du eine größere Form. Lege sie mit Backpapier aus oder befette die Formen.
4. Nimm das Gemüse aus dem Garkorb und gib ihn mit den Gewürzen, Ei und dem gehackten Knoblauch in eine Schüssel. Zerdrücke alles mit einem Kartoffelstampfer.
5. Wische den Garkorb zwischenzeitlich aus.
6. Reibe den Käse und vermenge ihn mit dem Paniermehl.
7. Eine Hälfte rührst du unter das Gemüse, welches du anschließend in die Förmchen gibst.
8. Mit der anderen Hälfte bestreust du das Gemüse.

ZUCCHINIAUFLAUF

Portionen: 3 | Zubereitungsdauer: 35 Minuten

ZUTATEN:

250 g Zucchini
100 g Zwiebel
80 ml Olivenöl
120 g Joghurt
2 Eier
60 ml Milch
eine Prise frischer Dill
eine Handvoll frische Petersilie
1/2 TL Salz
Chilipulver
Pfeffer
140 g Mehl
8 g Backpulver
50 g Cheddar

ZUBEREITUNG:

1. Entferne die Enden der Zucchini und reibe das Gemüse grob. Schneide außerdem die Zwiebel in feine Stücke.
2. Beides zusammen gibst du nun in den Korbeinsatz deiner Heißluftfritteuse. Beträufele das Gemüse mit etwas Öl und rühre gut durch.
3. Bei 175 °C der vorgeheizten Fritteuse beträgt die Garzeit zehn Minuten.
4. In dieser Zeit kannst du den Joghurt mit Ei und Milch zu einer homogenen Masse verrühren.
5. Zerhacke die frischen Kräuter und rühre sie gemeinsam mit Salz, Pfeffer und Chilipulver unter die Masse.
6. Als Nächstes fügst du Mehl, Backpulver und geriebenen Käse hinzu. Achte darauf, alles gut, aber nicht zu lange zu rühren.
7. Sind die zehn Minuten Garzeit vorbei, öffnest du ganz vorsichtig die Fritteuse und vermengst das Gemüse gut mit der Joghurtmischung. Streiche die Masse mit einem Löffel oder Küchenspachtel glatt.
8. Abschließend bäckt der Auflauf für 20 Minuten. Lass ihn kurz ruhen, bevor du ihn anschneidest.

TIPP: Mit einer Gabel kannst du mühelos überprüfen, ob der Auflauf schon fertig ist. Stecke die Gabel in den Teig. Klebt der Teig noch daran, erhöhe die Garzeit um zwei bis drei Minuten. Wenn nichts mehr klebt, ist der Zucchiniauflauf fertig.

AUSTERNPILZE IN BUTTERMILCH-PANADE

ZUTATEN:

250 g Austernpilze
400 ml Buttermilch
300 g Mehl
1 TL Salz
Pfeffer
1 TL Knoblauchpulver
1 TL Zwiebelpulver
1/2 TL geräuchertes Paprikapulver
Kreuzkümmel
1 EL Öl

Portionen: 2 bis 3 | Zubereitungsdauer: 25 Minuten

ZUBEREITUNG:

1. Stelle den Airfryer auf 190 °C ein.
2. Putze und schneide die Pilze in mundgerechte Stücke.
3. Gib die Buttermilch in eine Schüssel und lass die Austernpilze darin mindestens 15 Minuten einweichen. Lasse sie danach abtropfen.
4. Mische das Mehl mit den Gewürzen in einem flachen Schälchen.
5. Tunke die Pilze von allen Seiten in das Mehl, danach erneut in die Buttermilch und zum Schluss ein weiteres Mal in das Mehl.
6. Lege den Boden des Gareinsatzes mit Backpapier aus und platziere die Pilze so, dass sie nicht übereinander liegen. Besprühe sie mit Öl und lass sie sieben Minuten garen.
7. Wende die Pilze und besprühe sie mit Öl. Nach sieben Minuten sollten sie goldbraun gebraten und servierfertig sein.

GEMÜSE-OMELETTE

ZUTATEN:

4 Eier
50 ml Milch
Salz, Pfeffer
1/2 rote Paprikaschote
1/2 grüne Paprikaschote
1 Zwiebel
1 Tomate
1 Karotte
100 g Brokkoli
150 g Käse
eine Handvoll Schnittlauch
eine Handvoll Basilikum
Salz, Pfeffer

Portionen: 2 | Zubereitungsdauer: 20 bis 25 Minuten

ZUBEREITUNG:

1. Nachdem du die Heißluftfritteuse auf 180 °C eingestellt hast, schneidest du Paprikaschoten, Zwiebel und Tomaten in kleine Stücke. Zerkleinere die Kräuter.
2. Reibe sowohl Karotte und Brokkoli als auch den Käse. Stelle den Käse beiseite.
3. Mische die Eier mit der Milch und würze mit Salz und Pfeffer.
4. Gib das Gemüse sowie die Kräuter in die Masse und rühre gut durch.
5. Fette den Korbeinsatz oder eine für die Fritteuse geeignete Auflaufform mit Butter ein und schütte die Gemüse-Ei-Masse hinein.
6. Bevor du die Form in die Küchenmaschine stellst, streust du den geriebenen Käse über die Masse.
7. Die Garzeit beträgt 13 bis 15 Minuten.

TIPP: Bevorzugst du, dass das Gemüse weicher ist, kannst du es vor dem Mischen mit Ei fünf Minuten im Airfryer vorgaren. Gib es dazu mit Öl in den Garkorb.
Die halbierten Paprika kannst du im Kühlschrank aufbewahren und am nächsten Tag einen Salat daraus zubereiten.

AVOCADO MIT TOMATEN-KÄSE-FÜLLUNG

ZUTATEN:

2 Avocados
10 Cherrytomaten
100 g Feta
100 g Spinat
1 Lauchzwiebel
1 Knoblauchzehe
eine Handvoll frischer Schnittlauch
1 TL frischer Thymian
Salz, Pfeffer
Olivenöl
Zitronensaft

Portionen: 2 | Zubereitungsdauer: 15 Minuten

ZUBEREITUNG:

1. Schneide den Käse und das Gemüse in kleine Würfel und Ringe, zerhacke die Kräuter und drücke den Knoblauch aus.
2. Füge einen Esslöffel Olivenöl sowie einen Esslöffel Zitronensaft hinzu und vermenge alles gut miteinander.
3. Halbiere die Avocados, entferne die Kerne und kratze das Fruchtfleisch aus.
4. Gib es zum Gemüse und würze alles mit Salz und Pfeffer.
5. Fülle die Gemüse-Käse-Masse in die Avocadoschalen und besprühe sie mit Öl.
6. Stelle die Temperatur auf 180 °C. Innerhalb von zehn Minuten sind die Avocados servierfertig.

GEMÜSELASAGNE

Portionen: 1 bis 2 | Zubereitungsdauer: 35 Minuten

ZUTATEN:

1 Zucchini
1/2 Stange Lauch
1 Paprikaschote
1 Karotte
1/2 Stange Sellerie
1 Zwiebel
1 Knoblauchzehe
ein frischer Rosmarinzweig
1 TL frischer Thymian
40 g Parmesan
100 ml Tomatensoße
1 Packung Béchamelsoße
Lasagneblätter
Salz, Pfeffer
Öl

ZUBEREITUNG:

1. Wasche das Gemüse und schäle Zwiebel, Knoblauch und Karotte. Entkerne die Paprika.
2. Schneide das Gemüse anschließend in kleine Stücke.
3. Zerkleinere die frischen Kräuter.
4. Reibe den Parmesan.
5. In die Heißluftfritteuse gibst du zunächst die Zwiebel mit etwas Öl und lässt sie bei 180 °C für drei Minuten braten.
6. Füge nach und nach das andere Gemüse hinzu, und zwar in der Reihenfolge von hart nach weich. Lasse es jeweils zwei Minuten garen.
7. Lösche alles mit der Tomatensoße ab und gib Knoblauch, die Gewürze und Kräuter hinzu. Das Gemüse darf weitere fünf Minuten köcheln.
8. Nimm eine für die Heißluftfritteuse geeignete Form zur Hand und fette sie ein oder nutze den Einsatz für den Airfryer, nachdem du ihn gesäubert hast.
9. Schichte nacheinander Gemüse, Béchamelsoße und Lasagneblätter. Die letzte Schicht sollte aus Béchamelsoße bestehen, die du nun mit geriebenem Parmesan bestreust.
10. Die Lasagne sollte bei 180 °C 15 bis 20 Minuten garen.

GNOCCHI

Portionen: 2 | Zubereitungsdauer: 15 Minuten

ZUTATEN:

500 g Gnocchi aus dem Kühlregal
2 EL Olivenöl
1 TL edelsüßes Paprikapulver
1 TL Oregano
Salz, Pfeffer
50 g Pinienkerne
150 g getrocknete Tomaten
1 Knoblauchzehe
50 g Parmesan
7 EL Olivenöl

ZUBEREITUNG:

1. Mische das Öl mit den Gewürzen und gib die Gnocchi ebenfalls in die Schüssel. Vermenge alles gut miteinander.
2. Stelle den Airfryer auf 190 °C und gib die Gnocchi in den Korbeinsatz.
3. Die Garzeit beträgt zehn bis zwölf Minuten. Schüttele den Korb nach der Hälfte der Zeit.
4. Für das Pesto röstest du die Pinienkerne kurz in einer Pfanne ohne Öl.
5. Gib Pinienkerne, geschälten Knoblauch, Parmesan, Tomaten, Salz und Pfeffer in den Mixer und püriere alles gut.
6. Falls nötig, füge noch einen Schluck Öl hinzu.
7. Serviere die Gnocchi mit dem Pesto. Dazu passt ein frischer Salat.

TIPP: Auch frische Gnocchi vom Vortag können auf diese Weise wieder aufgefrischt werden. Das Pesto ist länger haltbar, wenn du es in ein Glas gibst, es mit Olivenöl bedeckst und im Kühlschrank aufbewahrst.

PANIERTE BLUMENKOHLRÖSCHEN

Portionen: 3 | Zubereitungsdauer: 25 Minuten

ZUTATEN:

1 Blumenkohl
2 Eier
100 g Panko
Salz, Pfeffer
1 TL Knoblauchpulver
1 TL Paprikapulver

ZUBEREITUNG:

1. Schneide den Blumenkohl in Röschen.
2. Stelle zwei tiefe Teller bereit. In dem ersten verquirlst du die Eier, in dem zweiten vermengst du Panko mit den Gewürzen.
3. Befeuchte die Blumenkohlröschen von allen Seiten mit Ei und drücke sie daraufhin in das Panko-Paniermehl.
4. Bestreiche oder besprühe die Röschen mit Öl und lege sie in einer Schicht in den Behälter der Heißluftfritteuse.
5. Nach etwa 18 Minuten bei 190 °C ist der Blumenkohl gar und die Panade knusprig. Vergiss nicht, ihn zwischendurch zu wenden und die Oberseite erneut mit Öl zu besprühen.

GEKOCHTE EIER

Portionen: 4 | Zubereitungsdauer: zehn Minuten

ZUTATEN:
4 Eier

ZUBEREITUNG:

1. Stelle die Heißluftfritteuse auf 170 °C ein und lege die Eier in den Gareinsatz.
2. Je nachdem, wie du die Eier bevorzugst, wählst du die Garzeit. Weiche Eier benötigen sieben Minuten, mittelweiche acht und harte Eier zehn Minuten.
3. Im Anschluss schreckst du die Eier mit kaltem Wasser ab.

TIPP: Gemeinsam mit den Eiern kannst du Aufbackbrötchen in den Airfryer geben. Ideal für ein schnelles, leckeres Frühstück.

GEMÜSEMUFFINS

Portionen: 1 bis 2 | Zubereitungsdauer: 25 Minuten

ZUTATEN:

2 EL Olivenöl
75 g Mehl
50 g Haferflocken
1 TL Backpulver
Natron
1 Ei
25 g Sauerrahm
1 Knoblauchzehe
50 g Buttermilch
frischer Thymian
Salz, Pfeffer
30 g Pinienkerne (alternativ: Sonnenblumenkerne)
50 g Tomaten
50 g frischer Spinat,
100 g Zucchini
1 Zwiebel
1 rote Paprikaschote

ZUBEREITUNG:

1. Schneide das gewaschene und geschälte Gemüse in feine Stücke.
2. Vermenge das Ei mit Öl, Sauerrahm und Buttermilch.
3. Mische Mehl, Haferflocken, Backpulver, Natron und Salz in einer Schüssel und gib alles zu den flüssigen Zutaten.
4. Als Nächstes verrührst du die Masse zu einem glatten Teig.
5. Füge das Gemüse sowie Salz und Pfeffer hinzu, rühre es sorgfältig unter die Masse und schmecke ab.
6. Fülle den Teig in für die Heißluftfritteuse geeignete Muffinförmchen.
7. Bei 150 °C brauchen die Muffins je nach Größe zehn bis fünfzehn Minuten. Etwa drei Minuten vor Garzeitende erhöhst du die Temperatur auf 180 °C und besprühst die Muffins mit Öl. Somit werden sie von außen noch etwas kross.

GEFÜLLTE TEIGDREIECKE

Portionen: 3 | Zubereitungsdauer: 15 bis 20 Minuten

ZUTATEN:

1 Ei
100 g Hirtenkäse
1 Frühlingszwiebel
1 Knoblauchzehe
frischer Basilikum
Pfeffer
Olivenöl
5 Platten Strudelteig
alternativ: Blätterteig

ZUBEREITUNG:

1. Schneide die Frühlingszwiebel in Ringe, den Käse in Würfel und hacke Knoblauch und Basilikum fein.
2. Vermenge diese Zutaten in einer Schüssel mit dem Ei und gib Pfeffer sowie Öl hinzu.
3. Schneide jedes Teigblatt in drei Streifen.
4. Gib zwei Teelöffel der Mischung ganz unten auf den Streifen und klappe die rechte untere Ecke über den Teig zur imaginären Mittellinie des Streifens. Anschließend klappst du die linke untere Ecke nach rechts, dann die rechte untere Ecke nach links, bis ein Dreieck ohne überstehenden Teig entsteht. Gehe so mit allen Teigstreifen vor.
5. Bestreiche die Dreiecke mit Öl und lasse sie bei 200 °C für vier Minuten garen. Aufgrund der Menge der Dreiecke musst du sie portionsweise zubereiten.

TIPP: Alternativ zu Strudelteig kannst du Filoteig oder Blätterteig verwenden. Filoteig findet man normalerweise in jedem Laden für asiatische Lebensmittel.

VEGETARISCH | 73

GEMÜSEFRIKADELLEN

Portionen: 1 | Zubereitungsdauer: 30 Minuten

ZUBEREITUNG:

1. Schäle die Aubergine und schneide das Fruchtfleisch in kleine Würfel, welche du mit einem Schuss Wasser, einer Prise Salz und einem Esslöffel Öl bei 180 °C für acht Minuten in den Airfryer legst.
2. Währenddessen schälst und raspelst du die Kartoffel in feine Stücke.
3. Lass die Aubergine in einem Sieb abtropfen und zerdrücke die Würfel.
4. Mische das Auberginenfruchtfleisch unter die Kartoffelraspel und vermenge beides mit Salz, Pfeffer, Paprikapulver, den gehackten Kräutern, gepresstem Knoblauch, zwei Esslöffeln Paniermehl und Eigelb.
5. Ist die Konsistenz der Masse noch zu wässrig oder weich, füge Paniermehl hinzu.
6. Forme mit feuchten oder öligen Händen acht gleich große Kugeln.
7. Im Anschluss wälzt du die Kugeln in Paniermehl, sodass sie von allen Seiten bedeckt sind. Wälze sie dann in Öl, bevor du sie erneut in Paniermehl rollst.
8. Im Korb der Heißluftfritteuse dürfen die Gemüsefrikadellen bei 180 °C zwölf Minuten garen.

ZUTATEN:
1 Aubergine
1 Kartoffel
1 Ei
Salz, Pfeffer
Paprikapulver
1 Knoblauchzehe
frische Petersilie
frischer Thymian
Paniermehl
Olivenöl

VEGAN

BUCHWEIZEN-FRIKADELLEN

ZUTATEN:

300 g Buchweizen
1 Kartoffel
50 g Mehl
2 Knoblauchzehen
1 Zwiebel
eine Handvoll frische Petersilie
Paprikapulver nach Wahl
Salz, Pfeffer
15 ml Olivenöl
70 g Semmelbrösel

Portionen: 4 | Zubereitungsdauer: 30 Minuten

ZUBEREITUNG:

1. Lass den Buchweizen über Nacht oder für mindestens eine Stunde in kaltem Wasser einweichen.
2. Schäle das Gemüse und schneide die Zwiebel in kleine Würfel. Die Kartoffel raspelst du fein und die Petersilie wird fein gehackt.
3. Mische den Buchweizen mit Gemüse, Petersilie und den gepressten Knoblauchzehen.
4. Würze kräftig mit Paprikapulver, Salz und Pfeffer.
5. Im Anschluss gibst du Öl und Mehl hinzu und knetest die Masse gut durch. Ist sie zu fest, gib Wasser hinzu. Ist sie zu weich, füge etwas Mehl hinzu.
6. Forme mit der Masse gleich große Frikadellen und drücke sie von allen Seiten in die Semmelbrösel.
7. Lege die Buchweizen-Frikadellen in den Garkorb und besprühe sie mit Öl.
8. Bei 200 °C lässt du die Frikadellen 20 Minuten braten.

TIPP: Alternativ kannst du Buchweizen vom Vortag verwerten oder, falls du in Eile bist, den Buchweizen 15 Minuten lang in der doppelten Menge Wasser kochen.

KARTOFFEL-ZUCCHINI-PUFFER

Portionen: 4 | Zubereitungsdauer: 30 Minuten

ZUTATEN:

500 g Kartoffeln
350 g Zucchini
300 g Tofu (Natur)
eine Handvoll frische Petersilie
150 g Mehl
100 ml Wasser
100 g Semmelbrösel
Salz, Pfeffer
Muskatnuss
Öl

ZUBEREITUNG:

1. Wasche die Zucchini, raspele sie grob und rühre einen Teelöffel Salz unter.
2. Schäle die Kartoffeln und raspele auch diese.
3. Drücke die Zucchini über einen tiefen Teller aus.
4. Zerhacke die Petersilie.
5. Vermenge in einer Schüssel Kartoffeln, Zucchini, Petersilie, zerbröselten Tofu, 100 g Mehl, Salz, Pfeffer und Muskat miteinander.
6. Knete die Masse gut durch und forme gleich große Kugeln.
7. Mische 50 g Mehl mit dem Zucchiniwasser, sodass die Masse die Konsistenz von Pfannkuchenteig hat. Drücke die Kugeln erst in die Masse, bevor du sie dann in Semmelbrösel wälzt.
8. Lege die Kugeln in den Garkorb deiner Heißluftfritteuse und stelle die Temperatur auf 180 °C und die Garzeit auf zehn Minuten.

KNUSPRIGER TOFU

Portionen: 2 | Zubereitungsdauer: 30 Minuten

ZUTATEN:

1 Block fester Tofu
1 EL Sojasoße
1 TL Sesamöl
3/4 TL Knoblauchpulver
1/2 TL geräuchertes Paprikapulver
1/2 TL Zwiebelpulver
1/2 TL Ingwerpulver
1/2 TL Salz
1 EL Stärke
Öl

ZUBEREITUNG:

1. Presse den Tofu in einem Küchentuch, beschwert mit einem Topf oder ähnlichem, für mindestens zehn Minuten aus.
2. Schneide den Tofu danach in 3 cm große Stücke und gib ihn in eine Schüssel.
3. Dort gibst du außerdem Sojasoße, Sesamöl sowie die Gewürze hinein. Rühre alles gut durch.
4. Jetzt streust du die Speisestärke darüber und rührst erneut.
5. Gib die Tofuwürfel in den Fritteusenbehälter, besprühe sie mit Öl und lass sie bei 200 °C für zwölf Minuten garen. Wende sie nach der Hälfte der Garzeit.

TIPP: Alternativ kannst du den Tofu über Nacht abtropfen lassen oder in einem Tuch aufhängen. Anstelle von Stärke kannst du Mehl, zerkleinerte Haferflocken oder Semmelbrösel nehmen.

GEMÜSEEINTOPF

Portionen: 3 | Zubereitungsdauer: 30 Minuten

ZUTATEN:

- 2 Kartoffeln
- 4 Karotten
- 1 Rote Bete
- 2 Steckrüben
- 1 Pastinake
- 100 g Staudensellerie
- 200 g Erbsen
- frische Petersilie
- Öl
- Salz
- Wasser

ZUBEREITUNG:

1. Schäle und schneide das Gemüse in Stücke.
2. Gib das Gemüse (bis auf die Erbsen), Öl und eine Prise Salz in den Backkorb deines Airfryers und lass alles für zwölf Minuten auf 180 °C garen. Rühre mehrfach um.
3. Nun bedeckst du das Gemüse mit Wasser und lässt es bei 200 °C weitere acht Minuten garen.
4. Drei Minuten vor Ende der Garzeit fügst du die Erbsen und gehackte Petersilie hinzu.

TIPP: Aus den Schalen und Resten des Gemüses kannst du eine Gemüsebrühe herstellen.

KARTOFFELWÜRFEL

ZUTATEN:
500 g Kartoffeln
2 EL Olivenöl
Salz

Portionen: 2 | Zubereitungsdauer: 20 Minuten

ZUBEREITUNG:

1. Schäle die Kartoffel und schneide sie in 1 cm große Würfel.
2. Vermenge die Würfel mit Öl und Salz.
3. Stelle die Temperatur der Heißluftfritteuse auf 200 °C und die Garzeit auf zwölf Minuten. Wende die Würfel mehrmals.

TIPP: Wenn du die Kartoffelwürfel zuvor für 30 Minuten in eine Schüssel mit kaltem Wasser gibst, verringert sich der Stärkeanteil. Dadurch werden die Kartoffeln knuspriger.

FALAFEL

Portionen: 2 | Zubereitungsdauer: 25 Minuten

ZUTATEN:

ca. 500 g Kichererbsen (aus der Dose)
1 Zwiebel
3 Knoblauchzehen
3 EL Petersilie
1 TL Kreuzkümmel
1 TL Koriander
1/2 TL Kurkuma
Salz, Pfeffer
9 EL Mehl
1 TL Backpulver
Öl

ZUBEREITUNG:

1. Gib die Kichererbsen in ein Sieb, wasche sie mit Wasser und lass sie abtropfen.
2. Schäle Zwiebel und Knoblauch und schneide die Zwiebel in Viertel.
3. Püriere die Kichererbsen mit Zwiebel, Knoblauch, Petersilie und den Gewürzen.
4. Gib löffelweise Mehl hinzu, bis eine gut formbare Masse entsteht.
5. Rühre das Backpulver kurz unter.
6. Forme etwa gleich große Bällchen aus der Masse.
7. Lege den Airfryerbehälter mit Backpapier aus, gib die Falafelkugeln hinein und besprühe sie mit Öl.
8. Bei 190 °C brätst du die Falafel für 15 Minuten. Wende sie nach acht Minuten.

FLADENBROT

Portionen: 1 | Zubereitungsdauer: 20 Minuten

ZUTATEN:

150 g Weizenmehl
10 g frische Hefe (alternativ: 1 Päckchen Trockenhefe)
1/2 TL Zucker
1/2 TL Salz
90 ml Wasser, lauwarm
2 EL Olivenöl
eine Prise getrockneter Thymian
Optional: Schwarzer Sesam

ZUBEREITUNG:

1. Mische die zerbröselte Hefe mit einem Esslöffel Wasser sowie Zucker.
2. Verrühre Mehl mit Salz und der aufgelösten Hefe zu einem glatten Teig.
3. Mit einem Küchentuch abgedeckt, lässt du den Teig eine Stunde ruhen.
4. Lege den Behälter deiner Heißluftfritteuse mit Backpapier aus und drücke den Hefeteig hinein.
5. Drücke mithilfe eines Holzstabs Mulden in den Teig und beträufele diesen mit dem Öl.
6. Lasse den Teig weitere 30 Minuten gehen.
7. Heize den Airfryer auf 200 °C vor, bestreue den Teig mit getrocknetem Thymian sowie Sesam und backe das Fladenbrot für acht Minuten.

TIPP: Du kannst das Fladenbrot auch mit anderen Zutaten vermischen, beispielsweise mit Zwiebeln und frischem Knoblauch. Auch Rosmarin, Tomaten und Oliven machen sich gut in dem Teig.

MEDITERRANES GEMÜSE

Portionen: 2 | Zubereitungsdauer: 20 Minuten

ZUTATEN:

1 rote Paprika,
10 Champignons
1/2 Zucchini
1/2 Aubergine
10 Cherrytomaten
1 Zwiebel
1 Knoblauchzehe
italienische Kräuter
Salz, Pfeffer
2 EL Olivenöl

ZUBEREITUNG:

1. Wasche das Gemüse, entkerne, falls nötig, und schneide es in kleine Stücke.
2. Vermenge alles sorgfältig mit den Gewürzen und Öl.
3. Stelle die Heißluftfritteuse auf 180 °C und brate das Gemüse unter regelmäßigem Rühren für zwölf Minuten.

KARTOFFEL-GEMÜSE-SALAT

Portionen: 2 | Zubereitungsdauer: 30 Minuten

ZUTATEN:
4 Kartoffeln
frischer Rosmarin
1/2 Aubergine
1/2 Zucchini
1/2 rote Paprikaschote
1/2 gelbe Paprikaschote
2 Knoblauchzehen
Olivenöl
Salz
2 TL mittelscharfer Senf
1 Prise Zucker
Salz, Pfeffer
1 EL Balsamico-Essig
1 EL Wasser
frische Petersilie
frischer Schnittlauch
10 Oliven

ZUBEREITUNG:

1. Wasche, schäle und schneide das Gemüse je nach Wunsch in Würfel und Scheiben.
2. Gib die Kartoffeln in eine Schüssel und vermenge sie mit Salz, Rosmarinzweigen und einem Schuss Olivenöl.
3. Bei 200 °C sollen sie im nicht vorgeheizten Airfryer zehn Minuten garen.
4. Nimm die Rosmarinzweige, nachdem die Garzeit um ist, heraus und stelle die Kartoffeln abgedeckt beiseite.
5. Gib das Gemüse gemeinsam mit den gehackten Knoblauchzehen und einem Teelöffel Öl in den Garkorb der Fritteuse und lasst es acht Minuten braten.
6. Mische für das Dressing Senf mit Essig, Zucker, Salz, Pfeffer, einem Esslöffel Öl und einem Esslöffel Wasser.
7. Zerkleinere die Oliven und die frischen Kräuter und mische sie unter die Kartoffeln, zu denen du nun auch das Gemüse und das Senfdressing gibst. Sorgfältig durchrühren, damit das Dressing sich gut verteilt.

TIPP: Verfügst du über eine Heißluftfritteuse mit viel Fassungsvermögen oder zwei Garkörben, kannst du Gemüse und Kartoffeln auch gleichzeitig garen. Achte allerdings darauf, dass die Kartoffeln, je nach Größe, etwas länger garen sollten.

BROKKOLI-KICHERERBSEN-FRIKADELLEN

ZUTATEN:
- 500 g Brokkoli
- 1 Dose Kichererbsen
- 1 Zwiebel
- 2 Knoblauchzehen
- 1 TL Salz
- Pfeffer
- 4 TL Hefeflocken
- geräuchertes Paprikapulver
- 100 g Hafermehl
- 120 g Semmelbrösel
- Öl

Portionen: 4 | Zubereitungsdauer: 30 Minuten

ZUBEREITUNG:

1. Schneide Brokkoli, Zwiebel und Knoblauch in sehr kleine Stücke. Alternativ kannst du sie in einen Zerkleinerer geben.
2. Lass die Kichererbsen abtropfen und fange die Flüssigkeit in einem Schälchen auf.
3. Zerdrücke die Kichererbsen.
4. Vermische das Gemüse mit Kichererbsen und den Gewürzen.
5. Nach und nach gibst du das Mehl hinzu, bis eine gut formbare Masse entsteht.
6. Aus der Masse formst du gleich große Frikadellen.
7. Schwenke die Frikadellen erst im Kichererbsenwasser. Danach wälzt du sie in den Semmelbröseln.
8. Gib die Brokkoli-Kichererbsen-Frikadellen in den Gareinsatz deiner Heißluftfritteuse sowie auf den Grillrost und besprühe sie mit Öl.
9. Die Garzeit stellst du auf 18 Minuten bei 190 °C. Wende die Frikadellen nach der Hälfte der Garzeit.

LOW CARB

MUSCHELN MIT KOHLGEMÜSE

ZUTATEN:

600 g Miesmuscheln
100 ml Wasser
300 g Chinakohl
2 Lorbeerblätter
Öl
1 Zitrone
Salz, Pfeffer

Portionen: 1 | Zubereitungsdauer: 20 Minuten

ZUBEREITUNG:

1. Säubere die Muscheln und – falls vorhanden – entferne die Perlen.
2. Zerkleinere den Chinakohl.
3. Gib Wasser, Kohl, Muscheln und die Lorbeerblätter in den Backtopf deiner Heißluftfritteuse.
4. Lass alles bei 200 °C für acht Minuten garen.
5. Schneide die Zitrone auf und serviere Muscheln und Kohl dazu. Würze nach Belieben mit Salz und Pfeffer.

TIPP: Überprüfe die Muscheln vor dem Kochen auf ihre Frische. Klopfe sie einzeln auf eine Oberfläche. Wenn sie sich öffnen bzw. offene Muscheln sich nicht bei Berührung schließen, sind sie bereits tot und können Toxine enthalten. Nach dem Kochen nicht geöffnete Muscheln sind unproblematisch, da du weißt, dass sie vor dem Kochen noch lebendig waren.

GRÜNKOHLCHIPS

Portionen: 2 | Zubereitungsdauer: 15 Minuten

ZUTATEN:

300 g Grünkohl
2 EL Olivenöl
Salz
Gewürze nach Belieben, beispielsweise Currypulver.

ZUBEREITUNG:

1. Wasche den Grünkohl und lass ihn abtropfen.
2. Entferne die Blätter vom Strunk und zupfe größere Blätter in mundgerechte Stücke.
3. Vermenge die Blätter mit Öl und den Gewürzen, sodass der Grünkohl von allen Seiten benetzt ist.
4. Bei 200 °C lässt du den Grünkohl etwa fünf Minuten rösten. Überprüfe zwischendurch, damit der Grünkohl nicht anbrennt.

SPARGEL AN AVOCADOCREME

Portionen: 2 | Zubereitungsdauer: zehn Minuten

ZUBEREITUNG:

1. Schäle den Spargel am unteren Ende und schneide etwa 0,5 cm vom Ende ab.
2. Lege den Spargel in den Korbeinsatz des Airfryers, besprühe ihn mit Öl und salze nach Belieben.
3. Lasse diesen bei 180 °C acht Minuten garen. Schüttele den Korb nach fünf Minuten einmal.
4. Halbiere die Avocado, entferne den Kern und kratze mithilfe eines Löffels das Fruchtfleisch heraus. Zerdrücke es mit einer Gabel.
5. Halbiere die Zitrone und presse einen Teelöffel Saft heraus, den du zum Avocadofleisch gibst. Außerdem fügst du Salz, Pfeffer und die gepresste Knoblauchzehe hinzu.
6. Die Avocadocreme wird dann gemeinsam mit dem Spargel angerichtet.

ZUTATEN:
500 g grünen Spargel
Olivenöl
Salz, Pfeffer
1 Avocado, reif
1 Knoblauchzehe
1 Zitrone

GLASIERTER ROSENKOHL

Portionen: 2 | Zubereitungsdauer: 30 Minuten

ZUTATEN:

450 g Rosenkohl
1 EL Öl
Salz, Pfeffer
1 Knoblauchknolle
2 EL Balsamico-Essig
1 1/2 Esslöffel Erythrit
1 TL Sojasoße

ZUBEREITUNG:

1. Schäle die äußeren Blätter vom Rosenkohl und schneide den Strunk ab.
2. Halbiere alle Rosenkohl-Röschen und gib sie in eine Schüssel.
3. Vermenge sie mit Öl, Salz und Pfeffer.
4. Schneide den oberen Teil der Knoblauchknolle ab, wickele sie in Alufolie ein und lege sie in den Garkorb.
5. Bei 190 °C darf der Knoblauch fünf Minuten garen. Danach gibst du den Rosenkohl hinzu und lässt alles 15 Minuten garen, wobei du den Korb nach acht Minuten einmal hin und her schüttelst.
6. Für die Glasur vermischst du Essig mit Erythrit und Sojasoße.
7. Schütte die Glasur zwei Minuten vor Garzeitende zum Rosenkohl.
8. Entferne die Alufolie vom Knoblauch, zerdrücke den Knoblauch leicht und serviere ihn zum Rosenkohl.

TIPP: Die Garzeit verkürzt sich teils stark für Gemüse, welches bereits vorgekocht ist. Verwertest du für die Rezepte Reste vom Vortag, solltest du die Garzeiten dementsprechend anpassen.

FRITTIERTER BROKKOLI

ZUTATEN:
400 g Brokkoli
Olivenöl
Knoblauchpulver
Ahornsirup
Salz, Pfeffer

Portionen: 2 | Zubereitungsdauer: 15 Minuten

ZUBEREITUNG:

1. Schneide den Brokkoli in Röschen.
2. Mische Öl, Sirup und Gewürze in einer Schüssel und schwenke die Brokkoliröschen darin.
3. Lasse den Brokkoli bei 160 °C acht Minuten rösten.

BLUMENKOHL-STEAKS

ZUTATEN:
1 Blumenkohl
Salz, Pfeffer
50 g Butter

Portionen: 2 bis 3 | Zubereitungsdauer: 30 Minuten

ZUBEREITUNG:

1. Wasche den Blumenkohl und schneide ihn hochkant in Scheiben, sodass „Steaks" entstehen.
2. Stelle die Temperatur deiner Heißluftfritteuse auf 180 °C und lass die Butter im Backkorb zergehen.
3. Lege die Blumenkohl-Steaks anschließend in die Butter und wende sie, bestreue sie zudem mit Salz und Pfeffer.
4. Bei 180 °C dürfen die Steaks 18 Minuten lang garen. Wende sie nach der Hälfte der Garzeit.

TIPP: Wende die Steaks mit einer Zange aus Kunststoff oder Holz, damit du die Oberfläche deines Gareinsatzes nicht verkratzt.

PFANNKUCHEN

Portionen: 1 | Zubereitungsdauer: zehn Minuten

ZUBEREITUNG:

1. Schäle die Banane, gib sie mit Butter in einen Teller und zerdrücke beides mit einer Gabel.
2. Schlage die Eier in die Bananenmasse und verrühre alles gut miteinander.
3. Gib die Masse auf Backpapier in den Backkorb. Bei 180 °C darf der Pfannkuchen sieben Minuten backen.

ZUTATEN:

1 Banane
2 Eier
1 EL Butter

AVOCADOCHIPS

Portionen: 2 | Zubereitungsdauer: 15 Minuten

ZUTATEN:

3 Avocados
Öl
Salz, Pfeffer

ZUBEREITUNG:

1. Halbiere die Avocados, entferne die Kerne und löse das Fruchtfleisch vorsichtig aus der Schale.
2. Schneide das Fleisch in Scheiben.
3. Lege den Garkorb mit Backpapier aus und gib die Avocadoscheiben hinein.
4. Besprühe sie mit Öl.
5. Die Garzeit beträgt bei 190 °C etwa zehn Minuten. Wende sie zwischendurch und bestreue die Chips vor dem Servieren mit Salz und Pfeffer.

TIPP: Achte beim Kauf darauf, dass die Avocados nicht zu roh, also sehr weich sind. Sie lassen sich leichter zu Chips verarbeiten, wenn sie noch fester sind.

SPIEGELEIER

Portionen: 2 | Zubereitungsdauer: zwölf Minuten

ZUTATEN:

4 Eier
Salz, Pfeffer
Öl

ZUBEREITUNG:

1. Schlage die Eier in einer kleinen, geölten Pfanne, die in den Airfryer passt, auf.
2. Würze mit Salz und Pfeffer.
3. Bei 180 °C garen die Eier, je nach gewünschter Konsistenz, sechs bis zehn Minuten.

PUTENGESCHNETZELTES

ZUTATEN:

400 g Putenbrust
150 ml Kokosmilch
300 g TK-Erbsen mit Möhren
Butter
Gemüsebrühe
Salz, Pfeffer
Currypulver

Portionen: 2 | Zubereitungsdauer: 20 Minuten

ZUBEREITUNG:

1. Schneide das Putenfleisch in Streifen oder kleine Stücke.
2. Brate das Fleisch mit etwas Butter bei 180 °C für fünf Minuten an.
3. Anschließend gibst du das Gemüse und die Gewürze hinzu und lässt alles zwölf Minuten köcheln.

TIPP: Das Gemüse in diesem Rezept kannst du nach Belieben tauschen oder erweitern. Verwendest du frisches Gemüse, musst du die Garzeit entsprechend anpassen.

GEFÜLLTE ZUCCHINI

Portionen: 3 | Zubereitungsdauer: 20 Minuten

ZUTATEN:
- 2 Zucchini
- 150 g Frischkäse
- 100 g Champignons
- 1 Zwiebel
- 2 Knoblauchzehen
- 100 g Gouda
- Salz, Pfeffer

ZUBEREITUNG:

1. Halbiere die gewaschenen Zucchini der Länge nach.
2. Mithilfe eines Löffels entfernst du das Fruchtfleisch, welches du fein zerkleinerst.
3. Schneide auch die Champignons, die Zwiebel und die Knoblauchzehen in feine Stücke.
4. Mische das zerkleinerte Zucchinifruchtfleisch mit Frischkäse und Gewürzen.
5. Verteile die Masse nun in den Zucchinihälften und bestreue sie mit geriebenem Gouda.
6. Bei 180 °C bäckst du die Zucchini für zwölf bis fünfzehn Minuten.getr

PIZZA MIT THUNFISCHBODEN

Portionen: 1 | Zubereitungsdauer: 30 Minuten

ZUTATEN:

1 Dose Thunfisch (im eigenen Saft)
1 Ei
1/2 rote Paprikaschote
1 Zwiebel
1/2 Zucchini
Oliven
30 g Mozzarella
100 ml passierte Tomaten
1 TL Tomatenmark
1 Knoblauchzehe
2 Tomaten
Oregano
Thymian
Knoblauchpulver
Salz, Pfeffer

ZUBEREITUNG:

1. Gieße den Thunfisch in ein Sieb und drücke ihn sorgfältig aus.
2. Zerdrücke Thunfisch und Ei mit Knoblauchpulver in einer Schale.
3. Schneide das Gemüse in Stücke und stelle die Tomaten und Oliven beiseite.
4. Besprühe das Gemüse mit Öl und lasse es bei 200 °C für acht Minuten garen.
5. Gib das Gemüse in eine Schüssel und lege den Garkorb deiner Heißluftfritteuse mit Backpapier aus. Darauf füllst du die Thunfischmasse, verteilst sie über den Boden des Behälters und drückst sie gut an. Die Garzeit stellst du auf acht Minuten.
6. Mische die passierten Tomaten mit Tomatenmark, fein gehackter Knoblauchzehe, Gewürzen und Kräutern.
7. Bestreiche den Boden mit der Soße, verteile Gemüse, Tomatenscheiben und Oliven darauf und belege alles mit Mozzarellascheiben.
8. Nach weiteren acht Minuten bei 180 °C ist die Pizza servierfertig.

TIPP: Boden und Gemüse können ebenso gleichzeitig gegart werden, sollte dein Airfryer über mehrere Einschübe verfügen. Alternativ kannst du den Thunfischboden auf dem Grillrost backen.

ANTIPASTI-SALAT

Portionen: 4 | Zubereitungsdauer: 20 Minuten

ZUTATEN:

1 Aubergine
1 Zucchini
1 rote Paprikaschote
5 EL Olivenöl
Rosmarin
frischer Salbei
200 g Champignons
200 g Feta
3 Tomaten
10 Basilikumblätter
4 EL Balsamico-Essig
3 EL Gemüsebrühe
1 Knoblauchzehe
Salz, Pfeffer

ZUBEREITUNG:

1. Schneide das Gemüse – bis auf die Tomaten –, in kleine Stücke und vermische es mit etwas Öl.
2. Bei 180 °C darf das Gemüse unter mehrmaligem Rühren zehn Minuten lang garen. Stelle es danach zum Abkühlen beiseite.
3. Schneide die Tomaten, den Feta sowie die Basilikumblätter und presse den Knoblauch.
4. Vermenge das restliche Öl mit Balsamico, Gemüsebrühe sowie den Gewürzen und gib die Soße zusammen mit Tomaten, Käse und Basilikum über das Gemüse.

KAROTTEN-PARMESAN-STICKS

Portionen: 2 | Zubereitungsdauer: 25 Minuten

ZUTATEN:

500 g Karotten
2 Knoblauchzehen
100 g Parmesan
2 EL getrocknete Petersilie
3 EL Öl
Salz

ZUBEREITUNG:

1. Schäle die Karotten. Je nach Dicke halbierst bzw. viertelst du sie.
2. Hacke oder presse den Knoblauch und vermische ihn mit Öl.
3. Lege den Behälter deiner Heißluftfritteuse mit Backpapier aus und gib die Karottensticks darauf.
4. Gieße das Knoblauchöl über die Karotten und wende diese mehrmals, damit sie von allen Seiten bedeckt sind.
5. Bei 180 °C beträgt die Garzeit zehn Minuten.
6. Reibe den Parmesan und streue ihn über die Karotten, die du daraufhin erneut durch rührst.
7. Nach weiteren fünf Minuten Garzeit kannst du die Karotten mit Salz und zerkleinerter Petersilie servieren.

TIPP: Dieses Rezept eignet sich gut für Heißluftfritteusen mit Rührarm. Durch das ständige Rühren garen die Karotten besser. Gleichzeitig muss der Garkorb nur selten geöffnet werden und Hitze sowie Dampf verbleiben im Behälter.

WARMER AVOCADO-SALAT

Portionen: 3 | Zubereitungsdauer: 15 Minuten

ZUTATEN:

5 Avocados
2 Knoblauchzehen
4 Tomaten
4 Eier
100 g Goudakäse
20 g Butter
Oregano
Salz, Pfeffer

ZUBEREITUNG:

1. Halbiere die Avocados, entferne die Kerne und löse das Fruchtfleisch.
2. Schneide sowohl das Avocadofleisch als auch die Tomaten in Stücke.
3. Schlage die Eier auf, presse die Knoblauchzehen und verrühre beides mit der Butter.
4. Vermische alles miteinander und gib es für sechs Minuten bei 180 °C in den Backkorb deiner Heißluftfritteuse.

DESSERT

MILCHRAHMSTRUDEL MIT VANILLESOSSE

ZUTATEN:

- 1/2 Packung Strudelteigblätter
- 50 g Butter
- 3 Scheiben Toastbrot
- 125 g Quark
- 4 Eier
- 40 g Puderzucker
- 1/2 Bio-Zitrone
- Salz
- Rosinen
- 125 ml Milch
- 125 ml Schlagsahne
- 30 g Vanillezucker

Portionen: 2 | Zubereitungsdauer: 35 Minuten

ZUBEREITUNG:

1. Trenne Eigelb und Eiweiß von zwei Eiern voneinander. Das Eiweiß schlägst du mit einer Prise Salz zu Eischnee.
2. Vermenge das Eigelb mit 25 g flüssiger Butter, Quark, einem Teelöffel Vanillezucker, Zitronenschale, Rosinen und Puderzucker.
3. Schneide das Toastbrot in 1 cm große Würfel und gib es gemeinsam mit dem Eischnee unter die Quarkmasse.
4. Breite die Strudelteigblätter aus und halbiere diese.
5. Bestreiche jeweils zwei halbe Teigblätter mit Butter und lege zwei weitere halbe Blätter darauf. Bestreiche diese erneut mit flüssiger Butter.
6. Verteile die Quarkmasse auf den unteren Teil und lass 2 cm vom Rand Platz.
7. Schlage den Rand ein und rolle den Teig zu einem Strudel.
8. Lege die Strudel in den mit Backpapier ausgelegten Backkorb und bestreiche sie erneut mit Butter.
9. Bei 170 °C backen sie zehn Minuten.
10. Für die Vanillesoße mischst du die restlichen zwei Eier mit Schlagsahne, Milch und 25 g Vanillezucker, die du danach über die Strudel gibst.
11. 1Bei 160 °C dürfen die Strudel weitere 20 Minuten backen.

TIPP: Besonders einfach lassen sich die Strudel rollen, wenn du dir ein sauberes Küchentuch zur Hilfe nimmst. Lege dazu den Teig auf das Tuch und rolle den Teig gemeinsam mit dem Tuch.

SCHOKOLADENKEKSE

ZUTATEN:

200 g Mehl
30 g Kakaopulver
50 g Zucker
60 g Butter
Salz
1 TL Backpulver
1 Ei
100 g Cashewkerne

Portionen: 2 | Zubereitungsdauer: 20 Minuten

ZUBEREITUNG:

1. Hacke die Cashewkerne, alternativ zerkleinerst du sie in einer Küchenmaschine.
2. Vermische alle Zutaten miteinander.
3. Mit einem Löffel formst du runde Kekse und gibst sie auf ein Backpapier im Backkorb.
4. Lass die Kekse für acht Minuten bei 170 °C backen.

GEBACKENE PFIRSICHE

Portionen: 2 | Zubereitungsdauer: 15 Minuten

ZUTATEN:

4 Pfirsiche
100 g Butterkekse
60 g Zucker
100 g Butter
Schlagsahne

ZUBEREITUNG:

1. Entkerne die Pfirsiche und schneide sie in Spalten.
2. Lege den Garkorb mit Backpapier aus und lege die Pfirsichspalten seitlich darauf.
3. Bei 180 °C lässt du sie fünf Minuten backen.
4. Zerbrösele die Butterkekse und mische sie mit Zucker und Butter.
5. Drehe die Pfirsiche nun so, dass die Hautseite unten liegt.
6. Jetzt gibst du die Streuselmischung darüber und lässt alles fünf Minuten braten.
7. Du kannst die Pfirsiche mit der Schlagsahne bestreichen und servieren.

BROWNIES

ZUTATEN:

80 g Schokolade, mindestens 70 % Kakao
80 g Butter
1 Ei
60 g Zucker
1 Päckchen Vanillezucker
40 g Mehl
1 Prise Backpulver
30 g Haselnüsse

Portionen: 12 Brownies | Zubereitungsdauer: 30 Minuten

ZUBEREITUNG:

1. Schmelze Butter und Schokolade in der Mikrowelle oder auf dem Herd.
2. Hacke die Nüsse fein.
3. Verrühre erst die trockenen Zutaten miteinander, dann die flüssigen, bevor du beide miteinander vermengst.
4. Lege eine in die Heißluftfritteuse passende Kuchenform mit Backpapier aus und verstreiche den Teig darauf.
5. Bei 180 °C die Masse für 20 Minuten backen. Teile den Teig anschließend in zwölf Stücke.

TIPP: Butter und Schokolade lassen sich ebenfalls im Wasserbad oder in einem feuerfesten Gefäß in der Heißluftfritteuse schmelzen.

BLAUBEERMUFFINS

Portionen: 10 Muffins | Zubereitungsdauer: 30 Minuten

ZUTATEN:

1 Ei
80 g Zucker
250 ml Buttermilch
60 ml Öl
1 Banane
350 g Mehl
1 TL Backpulver
1/2 TL Natron
250 g Heidelbeeren

ZUBEREITUNG:

1. Schlage das Ei mit Zucker auf, bis die Masse schaumig ist.
2. Zerdrücke die Banane mit einer Gabel und rühre sie mit Buttermilch und Öl unter die Masse.
3. Vermische die trockenen Zutaten und hebe sie ebenso unter die Masse.
4. Zum Schluss gibst du die Blaubeeren in den Teig und rührst kurz um.
5. Fülle den Teig in für deine Heißluftfritteuse geeignete Muffinformen und backe sie bei 160 °C für 18 Minuten.

BRATÄPFEL

Portionen: 4 | Zubereitungsdauer: 30 Minuten

ZUTATEN:
- 4 Äpfel
- 130 g Magerquark
- 1 Ei
- 45 g Rohrzucker
- 2 TL Vanillearoma
- 1 TL Zimt
- 20 g Rosinen

ZUTATEN FÜR STREUSEL:
- 50 g Mandelmehl
- 15 g Haferflocken
- 20 g Rohrzucker
- 15 g Butter

ZUBEREITUNG:

1. Schneide den oberen Teil der Äpfel gerade ab und höhle die Äpfel so aus, dass Boden und Wände nicht zu dünn sind.
2. Schlage Ei und Zucker schaumig und vermenge es mit Zimt und Vanille.
3. Nun fügst du den Quark unter kontinuierlichem Rühren hinzu.
4. Hebe die Rosinen unter die Masse.
5. Stelle die Äpfel in den Garkorb und gib die Füllung mithilfe eines Löffels ins Apfelinnere.
6. Vermische die Zutaten für die Streusel und setze sie auf die Apfel-Füllung.
7. Backe die Bratäpfel für zwölf Minuten auf 180 °C. Anschließend stellst du die Temperatur auf 160 °C und lässt die Äpfel weitere zehn Minuten garen.

TIPP: Mandelmehl gibt es in größeren Supermärkten und in ausgewählten Drogeriemärkten. Alternativ kannst du Mandeln in einem Zerkleinerer mahlen oder normales Mehl in Kombination mit Mandelaroma verwenden.

KIRSCHTASCHEN

Portionen: 8 Kirschtaschen | Zubereitungsdauer: 25 Minuten

ZUTATEN:

1 Packung Blätterteig
1 Glas Kirschen, entsteint
3 EL Zucker
1 Ei

ZUBEREITUNG:

1. Lass die Kirschen gut abtropfen und vermenge sie mit Zucker.
2. Rolle den Blätterteig aus und schneide ihn in acht Stücke.
3. Belege den Teig mit den Kirschen und falte ihn zu Täschchen. Drücke die Ränder fest.
4. Verquirle das Ei und bestreiche die Kirschtaschen damit.
5. Bei 170 °C garen die Taschen zehn Minuten. Wende sie nach der halben Garzeit.

GEBACKENE APFELRINGE

Portionen: 8 Ringe | Zubereitungsdauer: 25 Minuten

ZUTATEN:
- 2 Äpfel
- 1 Packung Blätterteig
- 1 EL Zitronensaft
- Zucker
- Zimt
- 1 Ei
- 1 EL Milch
- Gehackte Nüsse nach Wahl
- Puderzucker

ZUBEREITUNG:

1. Schäle die Äpfel, schneide sie ihn 1 cm dicke Scheiben und entferne das Kerngehäuse.
2. Schneide den ausgerollten Blätterteig in acht Streifen.
3. Mische Zimt und Zucker in einem Schälchen und drücke die mit Zitronensaft benetzten Apfelringe beidseitig hinein.
4. Umwickele die Apfelringe mit den Teigstreifen.
5. Trenne Eigelb von Eiweiß und mische das Eigelb mit Milch.
6. Zerkleinere die Nüsse.
7. Drücke die Apfelringe zunächst in die Ei-Milch-Mischung, bevor du sie in den gehackten Nüssen wälzt.
8. Bei 180 °C benötigen die Apfelringe 15 Minuten.
9. Für zusätzliche Süße bestreust du sie nach dem Garen mit Puderzucker.

TIPP: Auch mit anderen Früchten lassen sich leckere Teigringe machen. Gut geeignet sind beispielsweise feste Birnen oder Pfirsiche.

ARME RITTER

Portionen: 2 | Zubereitungsdauer: zehn Minuten

ZUTATEN:

5 Scheiben Toastbrot
2 Eier
125 ml Milch
1 EL Vanillezucker
Salz

ZUBEREITUNG:

1. Verquirle in einem tiefen Teller Eier, Milch, Zucker sowie eine Prise Salz.
2. Schneide das Weißbrot in Streifen und tunke sie von allen Seiten in die Mischung.
3. Die Armen Ritter backen für sechs Minuten bei 190 °C.

DONUTS

Portionen: 3 | Zubereitungsdauer: 15 Minuten

ZUTATEN:

250 g Mehl
100 g Zucker
1 TL Backpulver
1 TL Salz
120 ml Milch
2 Eier
2 TL Vanilleextrakt
30 g Butter
Öl

ZUBEREITUNG:

1. Verrühre erst die trockenen, dann die feuchten Zutaten miteinander, bevor du beide zu einem Teig verarbeitest.
2. Nach einer Ruhepause von 30 Minuten stellst du deine Heißluftfritteuse auf 180 °C.
3. Rolle den Teig aus und steche Kreise aus, deren Mitte du ebenso ausstichst.
4. Besprühe die Ringe mit Öl und lass sie im Airfryer für fünf Minuten backen.
5. Du kannst die Donuts nach dem Abkühlen beliebig bestreuen oder glasieren.

TIPP: Zum Ausstechen der Teigringe kannst du spezielle Donut-Ausstecher verwenden. Es funktioniert aber auch mit zwei unterschiedlich großen Gläsern oder Tassen.

KÄSEKUCHEN

Zubereitungsdauer: 35 Minuten

ZUTATEN:

170 g Butterkekse
85 g Butter
250 g Frischkäse
70 g Zucker
2 Eier
1/2 TL Vanilleextrakt
110 ml saure Sahne
1 EL Mehl
Salz

ZUBEREITUNG:

1. Vermische die zerbröselten Butterkekse mit weicher Butter und drücke die Masse anschließend auf den mit Backpapier ausgelegten Boden des Heißluftfritteusen-Garkorbs.
2. Als Nächstes verrührst du Zucker, Frischkäse, Eier, Vanilleextrakt, saure Sahne, Mehl und eine Prise Salz miteinander.
3. Gib die Masse auf den Boden und lasse den Kuchen bei 165 °C für 25 Minuten backen. Danach sollte er abkühlen.

RHABARBERMUFFINS

Portionen: 12 Muffins | Zubereitungsdauer: 25 Minuten

ZUTATEN:

400 g Rhabarber
130 g Zucker
2 Eier
250 g Mehl
50 ml Milch
250 g Quark
1 Zitrone
1 TL Vanilleextrakt
1 TL Backpulver
Salz

ZUBEREITUNG:

1. Wasche den Rhabarber und schneide ihn in kleine Stücke.
2. Vermische die feuchten Zutaten miteinander und gib die trockenen nach und nach hinzu.
3. Zum Schluss hebst du die Rhabarberstücke unter den Teig.
4. Fülle die Masse in zwölf Muffinförmchen und gib diese bei 180 °C für 15 Minuten in die Heißluftfritteuse.

TIPP: Stichst du mit einem Holzstäbchen in den Teig und bleibt dieser daran nicht hängen, sind die Muffins fertig.

BANANENCHIPS

Portionen: 4 | Zubereitungsdauer: 20 Minuten

ZUTATEN:
4 Bananen
Zimt
1 TL Öl
Optional: Salz

ZUBEREITUNG:

1. Schneide die Bananen in Scheiben, besprühe sie mit Öl und bestreue sie mit Zimt.
2. Bei 180 °C lässt du die Bananenscheiben zehn bis fünfzehn Minuten backen. Falls du möchtest, kannst du die Chips mit Salz würzen.

APFELSPALTEN

Portionen: 3 | Zubereitungsdauer: 20 Minuten

ZUTATEN:

4 Äpfel
4 TL Kokosöl
1 TL Zucker
1/2 TL Zimtpulver

ZUBEREITUNG:

1. Schäle die Äpfel und schneide sie in nicht zu dünne Spalten.
2. Gib die Äpfel mit dem Öl in den Backkorb des Airfryers und lasse sie unter regelmäßigem Rühren bei 180 °C zehn Minuten garen.
3. Serviere sie mit Zimt und Zucker.

TIPP: Für dieses Rezept sollten die Äpfel nicht zu weich gegart werden. Erhöhst du jedoch die Garzeit und gibst zwischendurch einen Schuss Wasser hinzu, hast du leckeres Apfelkompott. Dieses kannst du mit Porridge oder Joghurt genießen.

MARMORKUCHEN

Zubereitungsdauer: 30 Minuten

ZUBEREITUNG:

1. Verrühre Butter und Zucker, bevor du alle Zutaten, außer das Kakaopulver, hinzufügst.
2. Gib die Hälfte des Teiges in den Backkorb der Heißluftfritteuse.
3. Die andere Hälfte vermengst du mit Kakaopulver, bevor du sie ebenso in den Backkorb gibst.
4. Mithilfe einer Gabel vermengst du den Teig grob.
5. Die Garzeit beträgt bei 160 °C 25 Minuten.

ZUTATEN:

- 50 g Kakaopulver
- 70 g Butter
- 70 g Zucker
- 2 Eier
- 80 g Schmand
- 120 g Mehl
- 1 TL Backpulver
- 1 Prise Salz

FAZIT

Die Zubereitung in einer Heißluftfritteuse ist nicht nur einfach. Sie hat auch zahlreiche andere Vorteile. Die Garzeit verkürzt sich häufig, was Strom und somit Geld spart. Eine Heißluftfritteuse zahlt sich bei regelmäßiger Nutzung definitiv aus, denn sie kann die Verwendung von Ofen, Mikrowelle, Pfanne oder Topf ersetzen.

Ein weiterer wichtiger Pluspunkt ist die Auswirkung auf die Gesundheit. Die schonende Garung der Lebensmittel spricht für sich. Insgesamt benötigen die Gerichte zudem weniger Öl, was positive Konsequenzen mit sich bringen kann.

Praktischerweise kannst du viele deiner Lieblingsgerichte problemlos im Airfryer zubereiten. Sollte etwas nicht passen, kannst du Gerichte einfach abwandeln, indem du Zutaten oder Mengen veränderst oder die Lebensmittel kleiner als im Rezept vorgesehen schneidest. Mit einer Heißluftfritteuse kannst du deiner Kreativität freien Lauf lassen und Diverses ausprobieren. Selbst, wenn einige Gerichte nicht werden, wie du sie dir vorstellst: Beim nächsten Versuch klappt es bestimmt schon besser. Versuche insbesondere, Garzeit und Temperatur zu variieren. Umso besser du deine Heißluftfritteuse kennst, desto besser kannst du Rezeptangaben einschätzen und auf deine Bedürfnisse zuschneiden.